宋元秘本叢書

宋刊嘯堂集古録

[宋] 王俅 撰

中國書店

圖書在版編目（CIP）數據

宋刊嘯堂集古録／(宋) 王俅撰. — 北京 ：中國書店，2021.5

(宋元秘本叢書)

ISBN 978-7-5149-2750-4

Ⅰ. ①宋… Ⅱ. ①王… Ⅲ. ①金文－研究－中國－宋代 Ⅳ. ①K877.34

中國版本圖書館CIP數據核字(2021)第022279號

宋刊嘯堂集古録

[宋] 王俅　撰

責任編輯：劉深

出版發行：中國書店
地　　址：北京市西城區琉璃廠東街115號
郵　　編：100050
印　　刷：藝堂印刷（天津）有限公司
開　　本：787毫米×1092毫米　1/16
版　　次：2021年5月第1版　2021年5月第1次印刷
印　　張：14.5
書　　號：ISBN 978-7-5149-2750-4
定　　價：95.00元

内容提要

《嘯堂集古録》是宋代金石學著作，全二卷，宋王俅撰。《嘯堂集古録》對商、周、秦、漢以來的鼎、尊、彝、卣、壺、爵、斝、觚、巵、觶、角、敦、簠、簋、豆、鋪、甗、錠、盤、帶鈎、匜、洗、鋗、杅、鐸、鐘鎛、鑒、槃、甬、權等三百多件青銅器物進行著録，并對銘文加以釋讀。上卷爲銘文摹本，下卷爲釋文。因摹刻較精，故有重要的研究價值。

王俅，字子弁。任城（今山東省濟寧市）人。精于古器物鑒賞，尤善行草。爲南宋初著名金石學家。最早著録《嘯堂集古録》的是宋人陳振孫。陳氏《直齋書録解題》云：『《嘯堂集古録》二卷。王俅子弁撰。李邴漢老序之。稱故人長孺之子，未詳何王氏也。皆録古彝器款識，自商迄秦，凡數百章，以今文釋之，疑者闕焉。』給予《嘯堂集古録》較高評價。

潘宗周《寶禮堂宋本書録》曰：『書凡二卷，鐫印絶精，在宋槧中堪稱上乘。卷末有元人書宋人跋，又元人跋，各一通，書摹松雪的系元人手迹。北平儀真在百餘年前已嘖嘖稱道不置，况留貽以至今日耶！』

《四庫全書總目》云：『《嘯堂集古録》二卷（浙江范懋柱家天一閣藏本）。宋王俅撰。俅，字子弁；一作球，字夔玉。米芾《畫史》又作夔石，未詳孰是。陳振孫《書録解題》謂李邴序，只稱故人長孺之子，未詳其爲何王氏。考邴序稱與長孺同鄉關，邴籍濟州任城，則俅爲齊人可知。是編録古尊彝敦卣之屬，自商迄漢，凡數百種，摹其款識，各以今文釋之。中有古印章數十，其一曰夏禹。元吾邱衍《學古編》謂系漢巫厭水灾法印，世俗傳有渡水佩禹字法，此印乃漢篆，故知之。衍精于鑒古，當得其實。衍又謂《滕公墓銘》鬱鬱作兩字書，與古法疊字止作二小畫者不同，灼知其僞，則是書固真贋雜糅。然所采摭，尚足資考鑒，不能以一二疵累廢之。蓋居千百年下而辨别千百年上之遺器，其物或真或不真，其説亦或確或不確，自《考古圖》以下，大勢類然，亦不但此書也。」

清人陳鱣《簡莊詩文鈔》卷三《嘯堂集古録跋》中對王俅的名字進行了考證：「俅，字子弁。取《詩》載弁俅俅之意，或作王球者誤。球，字夔玉，别是一人。子弁又作子併，蓋因其名俅，而妄加人旁耳」。

國家圖書館藏《嘯堂集古録》二卷，爲宋刻本。此書白口，左右雙邊，單魚尾。册頁裝。一、二册爲上卷，三、四册爲下卷。有元干文傳，清翁方綱、黄紹箕、隨齋、阮元等題跋，鄭孝胥題識，明滕用亨、朱文鈞題款。

正文前有「李邴序」，卷末有元人抄補曾機跋。曾機跋，稱：「……王君子併《嘯堂集古》最爲後出，然而奇文名迹自商迄秦，累累凡數百章，尤爲精夥。初不曉其前晦而今見意者，天地之氣運，必有興立于此。否則中原故物將有不得揖讓其間之嘆者，此尤君子之所深感也。余因得其鋟版，試摘所藏邵康節《秦權篆銘》校之，毫髮不舛，益信子弁裒類之不妄。敬書于後，且掇古人所爲觸物存戒之意以拜之，庶幾不徒字畫之泥而古意之未亡也。淳熙丙申六月既望廬陵曾機伯虞謹跋。』

此書卷末有元人干文傳跋一篇，曰：『一日過景春所居，出《嘯堂集古録》見示，嘗試觀之。由秦以前三代之器，若敦、槃、尊、彝、鼎、鐘、甬、權之屬無所不有。每列一器必模其款識，而以楷書辨之。刻畫甚精，殆不類刊本。讀之者，文從字順，如游商周之庭而寓目焉。可謂奇矣！……余謂景春平生寡嗜欲，唯酷好收書。……人有挾書求售者至，必勞來之，飲食之，酬之善賈。于是奇書多歸沈氏。《集古録》其一也。……元統改元十一月廿又六日，吴郡干文傳題。』

此跋寫于元元統元年（一三三三），不難看出，干文傳對《嘯堂集古録》非常贊賞，同時説此書曾藏于沈景春家。沈景春，蘇州人，居樂圃坊，賀可村之門生。平生寡欲，唯好藏書。所以有人挾書來售，沈景春必殷勤款待，得到了很多珍稀典籍。

干文傳（一二六五—一三四三），字壽道，蘇州人。元延祐二年（一三一五）進士。明李賢《明一統志》卷八有其小傳，稱：『元干文傳，平江人。祖宗顯仕，宋累官承信郎。文傳少嗜學，十歲能屬文。延祐初進士，同知昌國州，後知吴江州。廉平有聲，治行爲諸州最。召爲集賢待制，以禮部尚書致仕。』

此書有翁方綱跋文數道。其一：『嘉慶辛酉之春得見王厚之《鐘鼎款識》，趙承旨題簽者。是冬復得見此而題之，多幸多幸。』其二：『此淳熙曾伯虞序亦元人所書并後元統跋皆古澤可愛，亦何減款識之珍耶？辛酉十二月，方綱識。』其三：『王子弁《嘯堂集古録》宋槧原本，後有元人手書，藝林至寶也！安邑宋芝山得之，寄求題識。辛酉十二月廿有四日，北平翁方綱。』

翁方綱（一七三三—一八一八），字正三，一字忠叙，號覃溪，晚號蘇齋。順天大興（今北京大興區）人。乾隆十七年（一七五二）進士，授編修。乾隆三十八年（一七七三），清廷開設四庫全書館，翁方綱曾任纂修官及編修。歷督廣東、江西、山東三省學政，官至内閣學士。翁方綱精通金石、譜録、書畫、詞章之學。著有《兩漢金石記》《粤東金石略》《蘇米齋蘭亭考》《復初齋詩文集》《小石帆亭著録》等。

此書末有阮元跋：『此二册乃宋刊本，二跋乃元人墨迹，致可寶也。嘉慶八年（一八〇三），曲阜顔衡齋以此贈元，收入琅嬛仙館，與宋王復齋《鐘鼎款識》共藏之。』

阮元（一七六四—一八四九）字伯元，號芸台、雷塘庵主，晚號怡性老人，揚州（今江蘇儀徵）人，乾隆五十四年（一七八九）進士，官至體仁閣大學士，太傅。謚文達。阮元精通經史、天文、演算法以及金石、校勘之學。著述頗豐，有《十三經注疏校勘記》《經籍纂詁》《揅經室集》《文選樓鑒藏碑目》《疇人傳》等。

此書鈐有「吴廷」「吴廷之印」「吴文桂私印」「江村」「謙牧堂藏書記」「兼牧堂書畫記」「是本曾藏宋葆淳家」「翁方綱」「覃溪」「覃溪審定」「蘇齋」「蘇齋墨緣」「寶蘇室」「阮元」「阮元私印」「阮元印」「阮伯元藏鐘鼎文字」「臣元奉敕審釋内府金石文字」「揚州阮氏瑯嬛仙館藏書印」「琅嬛仙館」「文選樓」「積古齋印」「東壁圖書」「兵衛森畫戟燕寢凝清香」「甘泉岑氏懼盈齋珍藏印」「仲陶珍賞」「隴西癸巳人碩」「翼庵珍秘」「翼庵欣賞」「翼庵審定金石書畫記」「烏程蔣祖詒藏」「穀孫鑒藏」「密均樓」「祖詒審定」「海藏樓」等。通過題跋、著録和印鑒可知，這部《嘯堂集古録》歷經沈景春、吴廷、撄叙、宋葆淳、顔崇椝、阮元、端方、潘宗周、岑鎔、蔣祖詒、朱文鈞、翁方綱、黄紹箕、鄭孝胥等收藏或鑒賞。。

中國國家圖書館　趙前

二〇一九年八月二十日

目録

黄紹箕題記　鄭孝胥款　二一八

朱文鈞題款　二一九

是[illegible]今不歸余且摹之[illegible]

嘉慶辛酉之春得見王厚之鐘鼎

款識趙承旨題籤者是冬復得

見此而題之多幸多幸

猶記王厚之物是其值百金

今又多元人一幅何啻倍之

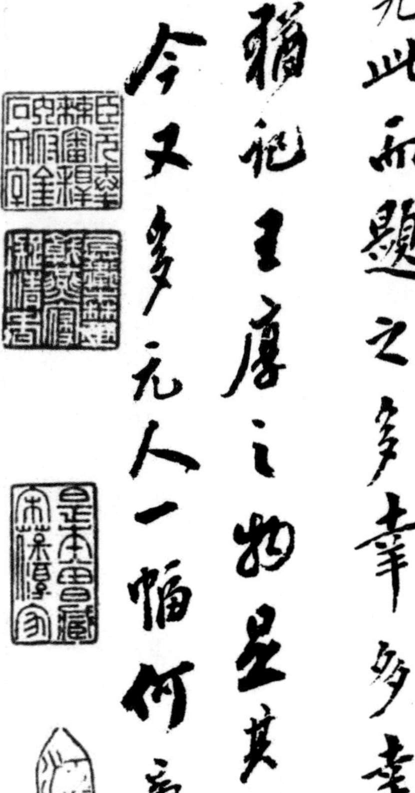

秦李斯以新意變古科斗書後世相沿益復精好自漢唐以來能者不可槩舉唯鍾鼎文間見於士大夫家謂如洗玉池銘讀書堂帖字既不多往往後人依倣為之殆無古意青社趙公東平劉公廬陵歐陽公三家收金石遺文最號詳備獨鼎器款識絶少字畫復多漫滅不可考證及得呂大臨趙九成二家考古圖雖略有典

刑辯釋不容無外晚見宣和博古圖然後夔玩不能釋手蓋其款識悉自鼎器移為墨本無毫髮差然流傳人間者纔一二見而已近年好事者亦刊鼎文於石從而辯識字既失真而立說疎略殊可怪笑予方恨近時字學不修秦漢書法尤為壞散人皆出意增損取美一時略無古人渾厚之氣一日予故人開國

長孺之子王俅子弁見過出書二巨編皆類鐘鼎字甚富名嘯堂集古錄且謂予曰俅不揆留意於此久矣自幼至今每得一器款識必摹本而投之篋積三十餘年凡得數篋則又芟夷翦截獨留善者編次之其志猶以謂未足也他日再獲古文奇字即續於卷末將示子孫永為家寶予與長孺同師同舍同鄉閈

又為同年進士兩家契故甚密子弁幼聰悟不類常兒長年好學工文鄉先生皆稱異之又精於古字四方人士以緗素相求者門無虛日予既耋故人之有子復埶觀此二編大慰平昔所願欲而不得者子弁欲予文傳信將來予欣然為敘卷首而歸其書云雲龕龍小隱李邴漢老序

嘯堂集古錄上

商父乙鼎

庚午王命寑廟辰
見北田四品十二月作
冊友史錫賴貝
用作父乙尊。冊冊

商召夫鼎

亞形子月。廼
中召夫辛

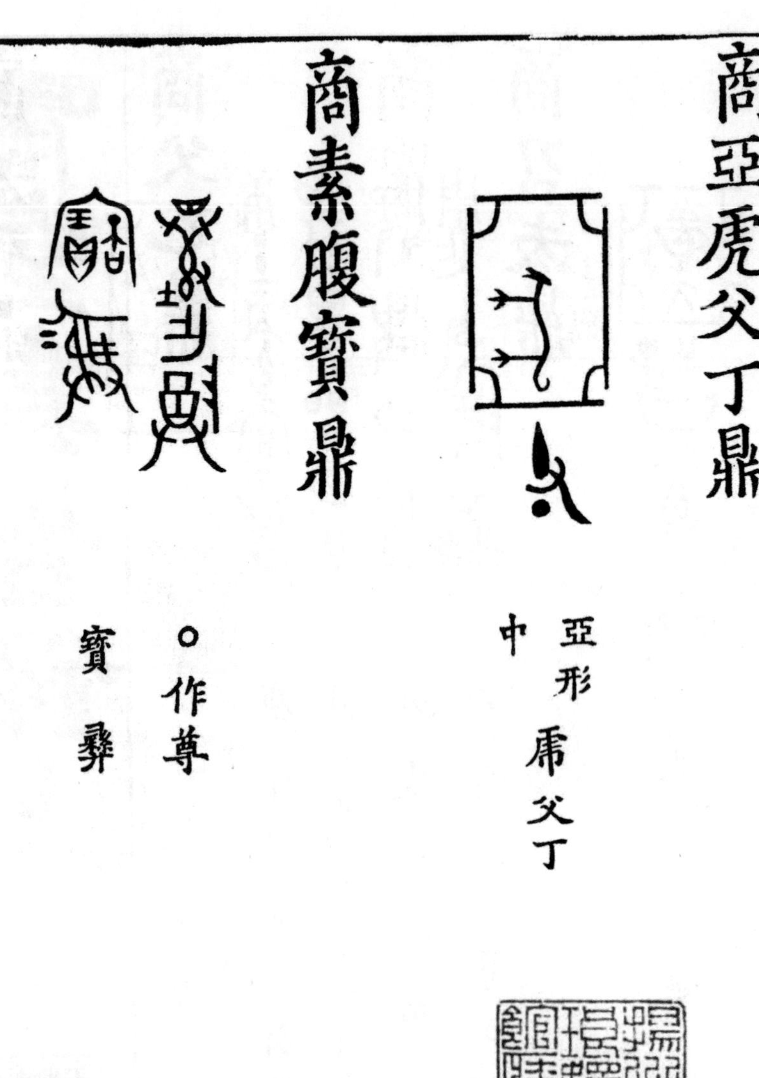

商亞虎父丁鼎

亞形中虎父丁

商素腹寶鼎

○作尊寶彝

商若癸鼎

兩手互丁
癸執物形
父甲
亞形
若
中
立旗形
乙

商瞿父鼎

瞿父

商子鼎

子

商庚鼎

庚

商癸鼎

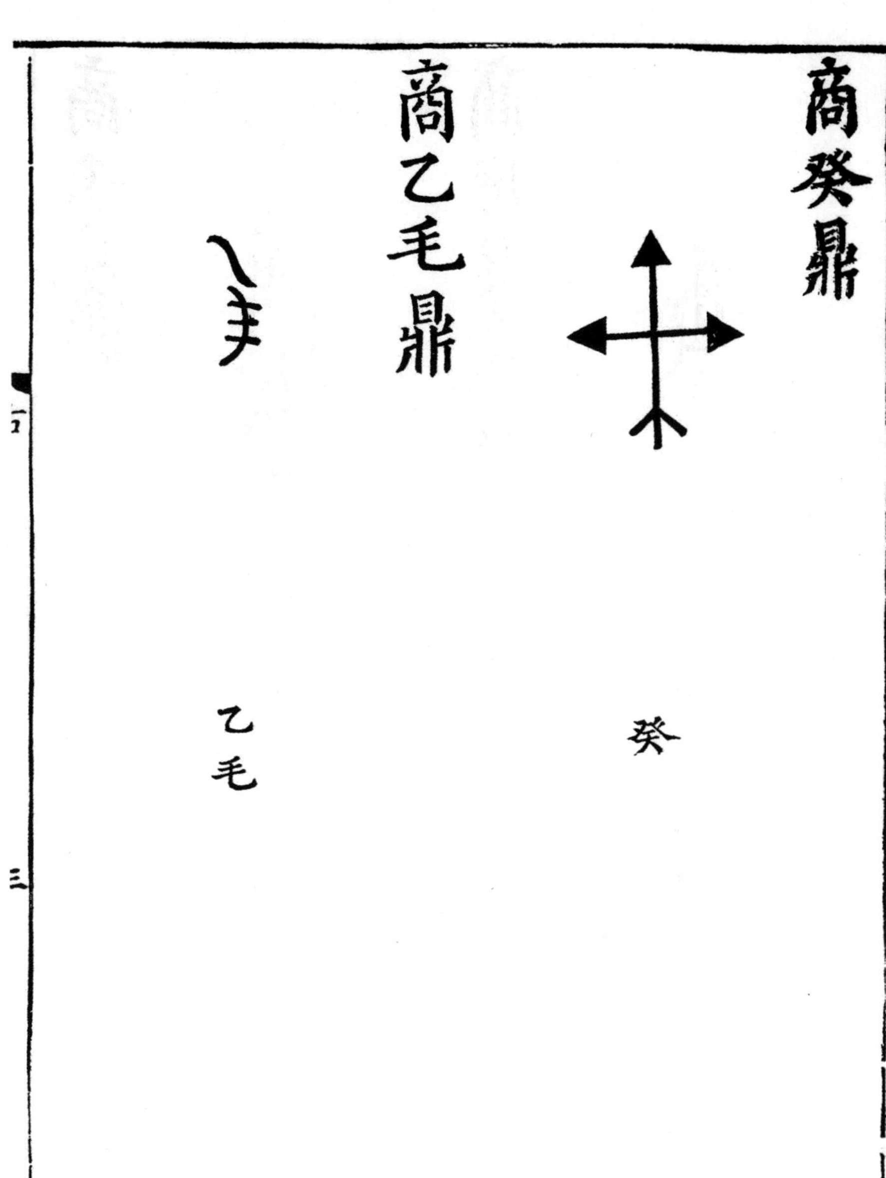

癸

商乙毛鼎

乙毛

商父己鼎

禾父己

商持刀父己鼎

子形持刀父己

商父癸鼎

戈穿
貝
父癸

商父癸鼎

兕形
執父
孫弓癸

商蠆鼎

蠆形

商秉仲鼎

○秉仲○

商象形饕餮鼎

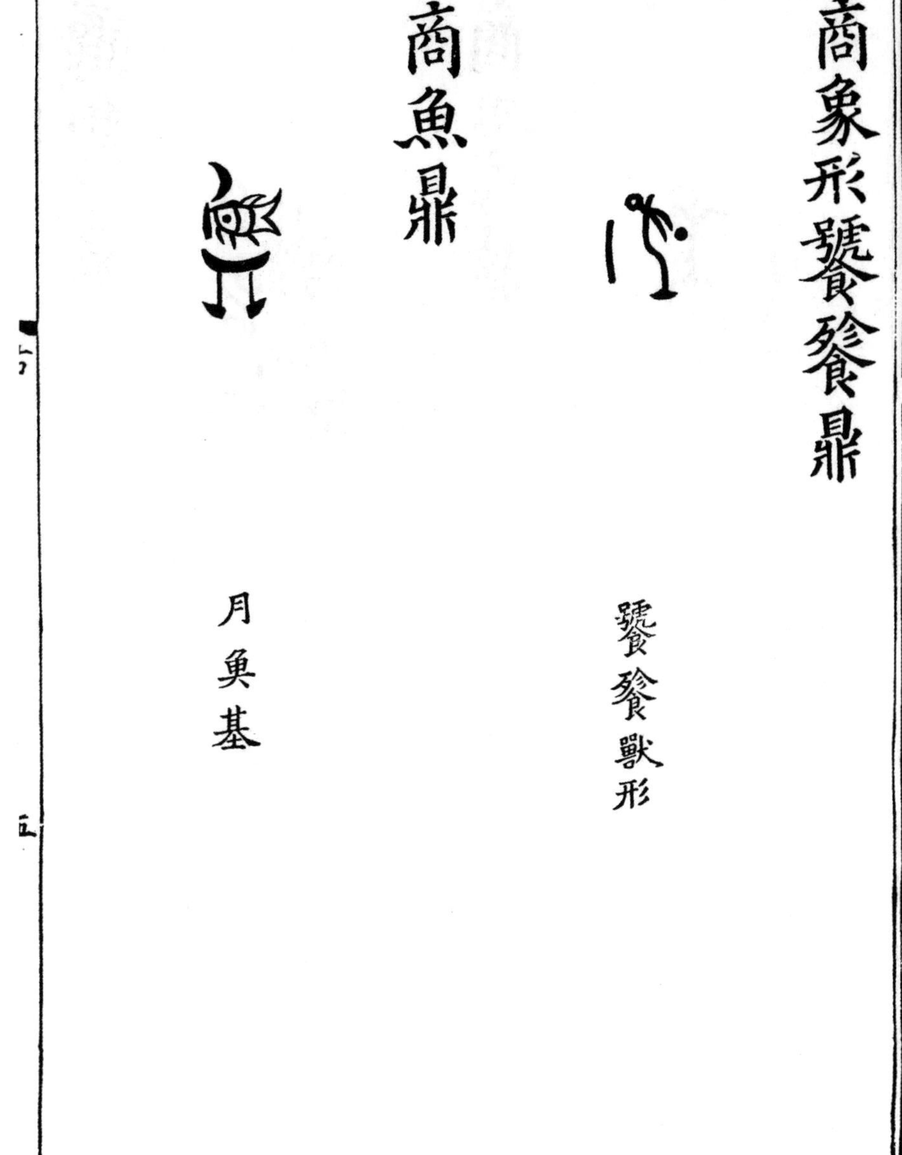
饕餮獸形

商魚鼎

月奥基

商伯申鼎

伯申作寶彝

商立戈鼎

立戈形

商立戈父甲鼎

立戈形
父
甲

商横戈父癸鼎

横
戈
形
孫
父
癸

商綦鼎

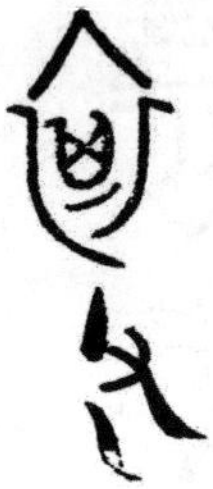

綦父乙

商象形鼎

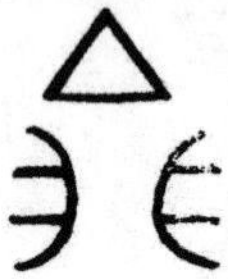

鼎

商公非鼎

[illegible]

非

周文王鼎

[illegible]

魯公作文

王尊彝

周王伯鼎

王伯作寶彝鼎

周中鼎

中作寶鼎

周晉姜鼎

惟王九月乙亥晉姜曰余惟嗣朕先姑君晉邦余不叚妄寧經廱明德宣卹我猷用招所辝辟妾揚乃光直虔不墜譖覃亭以孽我萬民嘉遣我錫鹵責千兩勿法文侯顥令威貫通洪征綏湯原取乃吉金用作

寶尊鼎用康夏妥懷遠。君子晉姜用蘄綽綰眉壽作惠為亟萬年無疆用享用德畯保其孫子三壽是利

周象鼎

象

周伯碩父鼎

惟六年八月初吉己
子史伯碩父追孝于
朕皇考釐仲王母乳
母尊鼎用祈丐百禄
眉壽綰綽永命萬年
無疆子=孫=永寶用享

周史頙鼎

史頙作朕皇考釐仲
王母乳母尊鼎用追享
孝用蘄丏眉壽永命
令終頙其萬年多福
無疆子=孫=永寶用享

周季娟鼎

正月王在成周
王徙于楚麓命
小臣夌先見楚居
王至于徙居㢊
遺小臣夌錫貝錫
馬兩夌拜稽首
對揚王休用作
季娟寶尊彝

周南宫中鼎

惟十有三月庚寅
王在寒師王命太
史括褔土王曰中
茲褔人入史錫于
武王作臣今括里
汝褔土作乃采中
對王休命鬻父乙尊
惟臣尚中臣十八大夫八大夫

周南宮中鼎

惟王命南宮伐反
虎方之年王命中
先相南國貫行蓺
王居在射圃真
山中呼歸生○
刋王蓺刋寶彝

周南宮中鼎

惟王命南宮伐反虎方之年王命中先相南國貫行蓺王居在射圃其山中呼歸生。刌王蓺刌寶彝

周言肇鼎

言肇作尊鼎
其永寶用享

周䜌鼎

䜌女

周單父乙鼎

旗單鼎父乙

周益鼎

益作

寶鼎

周穆公鼎

戊曰不顯走
皇祖穆公克
夾○先王曰
左方穆成公
亦○歷望○
○自考幽大
叔○○命成
允○祖考政
于邢邦洪○
大○○○賜
朕○○作命
臣工哀哉用
天降亦喪于
○○亦惟○
○○方率南
○○節東○廣
○南國東國
至于歷寒王

○命廼六𠂤
○八𠂤曰○
成共侯○方
○眉壽于右
𠂤○客歀○
每克我○雒
武公廼○我
率公朱軒百
桼○○百徒
○作王○○
○○○揚六
𠂤○八𠂤○
○侯○○勿
○壽○雩○
○○○○○
○○○京代
○○○○○
○方○○成

○○○○○
○○用作○
寶○○其萬=
子=孫=寶用

周雝公緘鼎

惟十有四月既死
霸王在下保雝公
緘作尊鼎用追享
孝于皇祖考用乞
眉壽萬年無疆
子=孫=永寶用

周父己鼎

癸亥王徙刋作冊
般新宗王賡作冊
豐貝太子錫練大
貝用作父己寶○

周叔液鼎

惟五月庚申
叔液自作饙
鼎用蘄眉
壽萬年無疆
永壽用之

周單從鼎

單作從彝

景

周伯𨛫父鼎

晉司徒伯𨛫父

作周姬寶尊鼎

其萬年永寶用

周舉鼎

舉

周仲偁父鼎

唯王五月初吉丁亥周伯𨸏及仲偁父伐南淮節孚金用作寶鼎其萬年子＝孫＝永寶用

周威君鼎

之飼鼎
威汈君光

周乙公鼎

乙公作
尊鼎子=
孫=永寶

周鮮鼎

鮮

周齊莽史鼎

齊莽史喜作

寶鼎其眉

壽萬年子＝

孫＝永寶

用

周節鼎

節

周嬇氏鼎

惠作㪉伯

嬇氏○鼎

永寶用○冊冊

周大叔鼎

大叔作鼎

周寏父鼎

師寏父作

季女吉尊鼎

周尨生鼎

○尨生寏作
其鼎子=孫=
萬年永寶用

周緐駒父鼎

緐駒父作
旅鼎永寶用

周豐鼎

豐用作玫
將鼎彝

周子父舉鼎

子父舉

周師秦宮鼎

惟五月既望王○
○于師秦宮王格
于享廟王○錫○
○○○○○○○
敢對揚天子丕顯
休用作尊鼎○其
萬年永寶用

周䜌鼎盖

宋公䜌之餗鼎

宋公䜌作餗鼎

周宋夫人鼎盖

宋君夫人之餗鈕鼎

宋君夫人之餗釪鼎

漢孝成鼎

長安廚孝成廟銅三斗鼎蓋一合第一

長安廚孝成廟銅鼎容三斗一合并

重廿六斤建平三年四月壬午造居攝

輔掾譚守令史永省第一

年十褻

漢定陶鼎

宮廟

都

倉

定陶廟宮十斗

并重九斤二兩

漢李氏鼎

李氏

李氏

漢好時供廚鼎

長樂飤官二斤十兩四百卅五

■宮中丞令第八百八十

今好時共廚金一斗鼎蓋重二斤十兩第百卅

好時共廚銅鼎容九升重九斤一兩　山

飼　官丞　蓋　升山

漢汾陰宮鼎

汾陰共官銅鼎蓋十十枚重三斤八兩

三汾陰共官銅鼎十十枚宮名重十斤

汾陰宮銅鼎一宮斗重十斤

平陽一名見重十斤

萬廿二

汾陰供 二十枚

汾陰供

汾陰鼎一斗

陽鼎十斤

商持刀父癸尊

孫形 持刀 父癸

二一

商祖戊尊

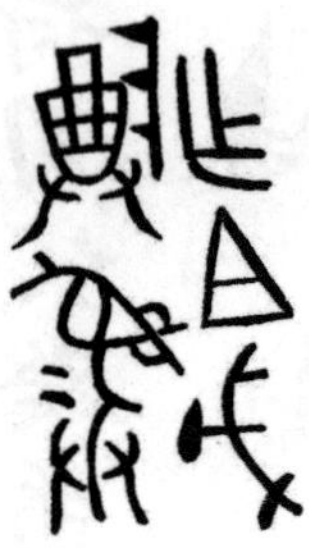

作祖戊
尊彝

商蜼尊

器

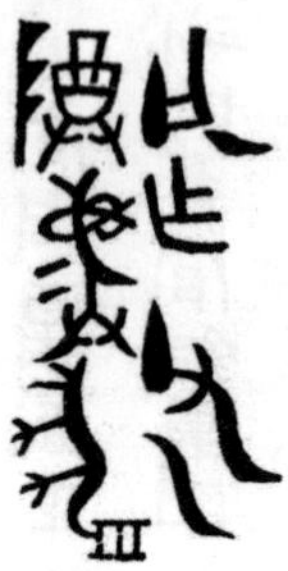

周作父乙
尊彝
蜼形

蓋

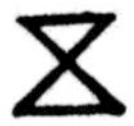

五

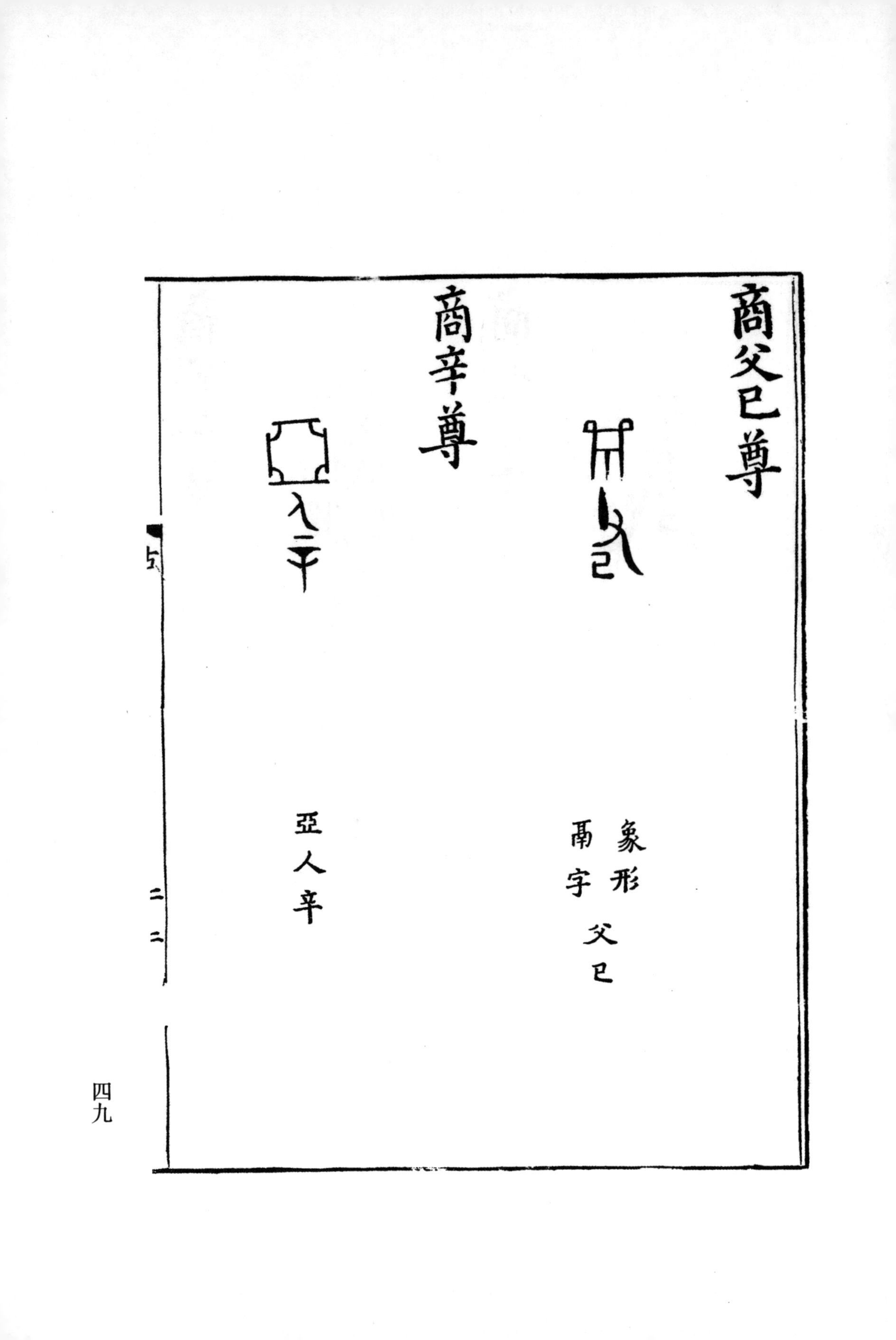

商父巳尊

象形 鬲字 父巳

商辛尊

亞人辛

商父乙尊

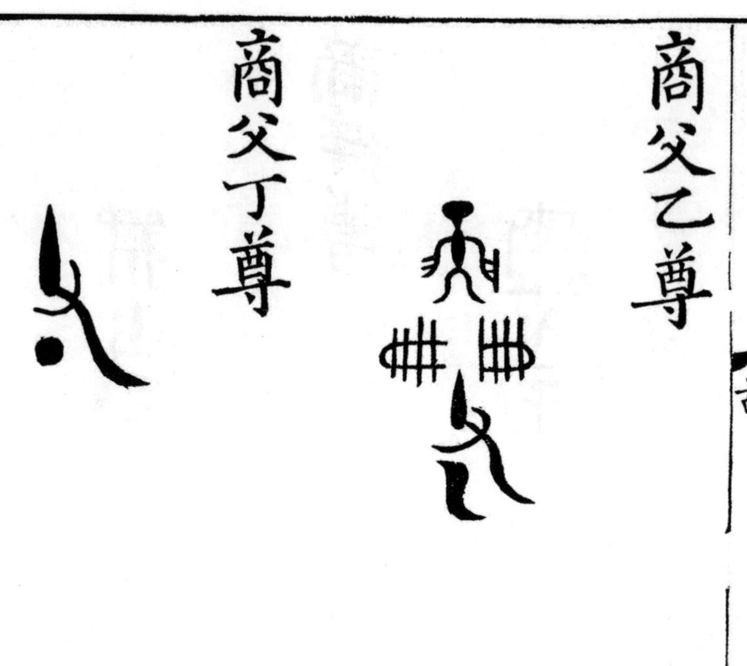

孫

冊冊

父乙

商父丁尊

父丁

商立戈癸尊

立戈形人
口癸

商從尊

作從單

商祖丁尊

孫立旗作祖丁

商兄丁尊

兄丁大雞

商持刀父巳尊

子持刀作父巳寶尊彝

商諫尊

○諫作父巳尊彝

周月星尊

月
○星○

周乙舉尊

乙舉

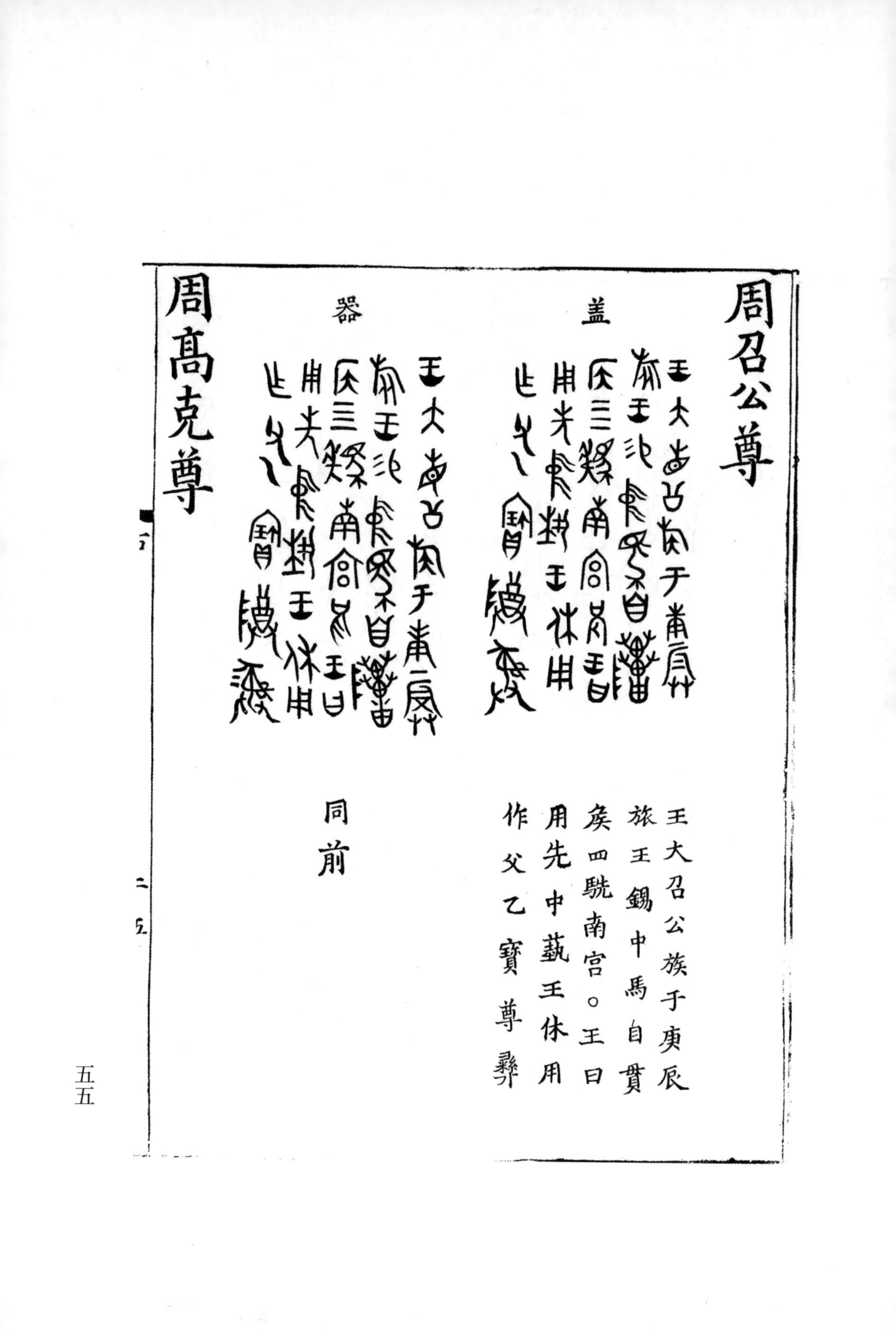

周召公尊

蓋

器

王大召公族于庚辰
旅王錫中馬自貫
庆四駣南宮。王曰
用先中埶王休用
作父乙寶尊彝

同前

周高克尊

唯十有六年
十月既生霸
乙未伯太師
錫伯克僕山
夫伯克敢對
揚天佑王伯
友用作朕穆
考後仲尊高
克用丐眉壽
無疆克克其
子=孫=永寶用享

周師艅尊

王汝上戻師
艅從王夜功
錫師艅金艅
則對揚乃德
用作乃文考
寶彝孫=子=寶

商[illegible]彝

[illegible]作寶
尊彝

商己舉彝

己
舉

商子孫父辛彝

作
父
辛
彝

折
子
孫

商父丁彝

商立戈父甲彝

古作父丁寶尊彝

立戈父甲形

商帚首彝

作寶彝

周子孫彝

子孫

孫作兩手拱日之狀

周己酉方彝

己酉戍命尊宜于

招㪔庚○九律

○商貝朋方○用室

圛宗彝在九月惟王

一祀世昌五惟○束

周單彝

旗雞單

周召父彝

召父作乃

寶彝

周叔彝

○叔作寶
尊彝

周伯映彝

右伯映○作宥作
寶尊彝

周雲雷寶彝

作寶彝

周雷紋寶彝

作寶彝

商持刀祖乙卣

盖

器

孫

持刀形

作祖乙

寶

尊

彝

商執戈父癸卣

蓋

器

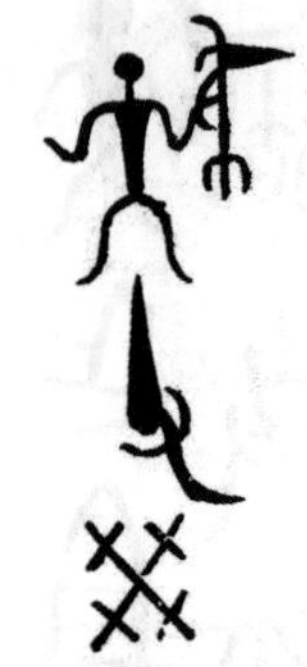

孫

執戈形

父癸

商言卣

蓋

器

内○言

商田卣

蓋

器

田

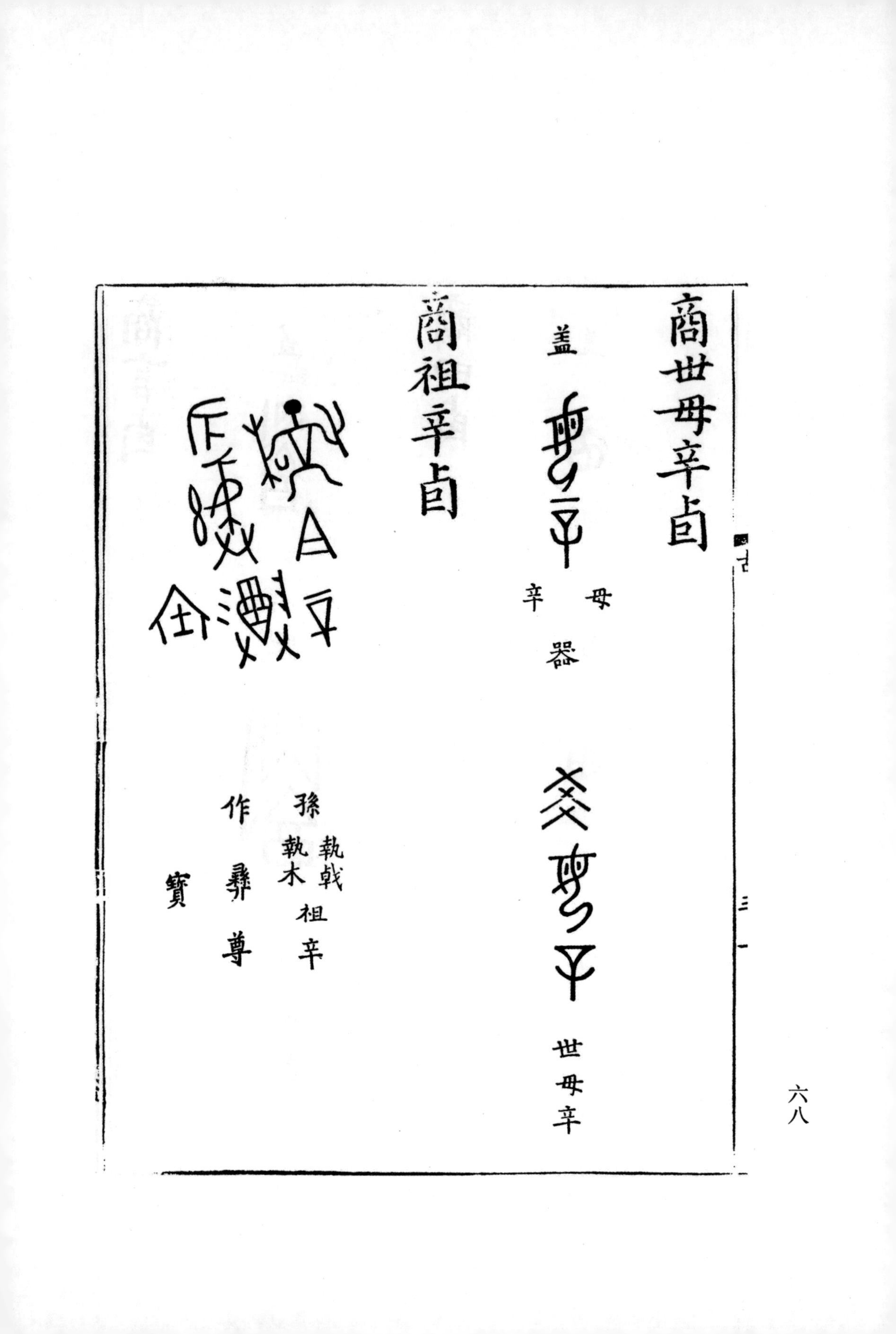

商丗毋辛卣

蓋

毋辛

器

丗毋辛

商祖辛卣

孫執戟執木祖辛

作彝尊

寶

商卦象卣

蓋

☷

器

☳

卦象

商立戈卣

立戈

形

商兕卣

蓋

器

兕

商執爵父丁卣

象手執

爵形

父丁

商寶卣

作寶

尊彝

商寶卣

蓋

器

作寶尊彝

三三

商瞿祖丁卣

蓋

器

瞿

犧形

牛

册册

祖丁

商册卣

蓋

器

册

商兄癸卣

盖

丁子王錫嚣丙
申象形萬字貝在寒用
作兄癸彝十九夕
惟王九祀世昌

器

丁子王錫嚣丙申
貝在寒用作兄癸
彝十九夕惟
王九祀世昌象形萬字

商父丙卣

蓋

器

手執禾

二矢父丙

弓孫

商父己卣

立戈形

父己

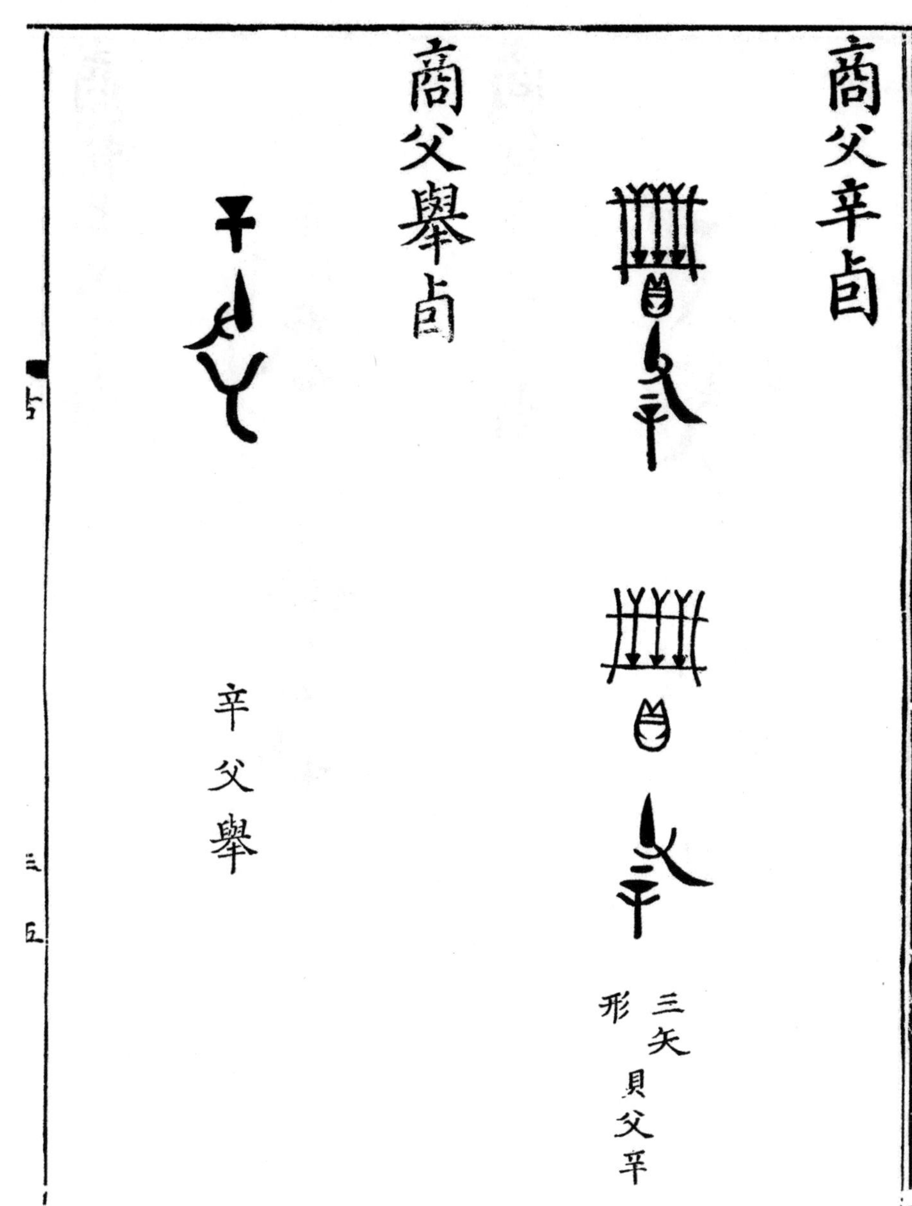

商父辛卣

三矢形 貝父辛

商父舉卣

辛父舉

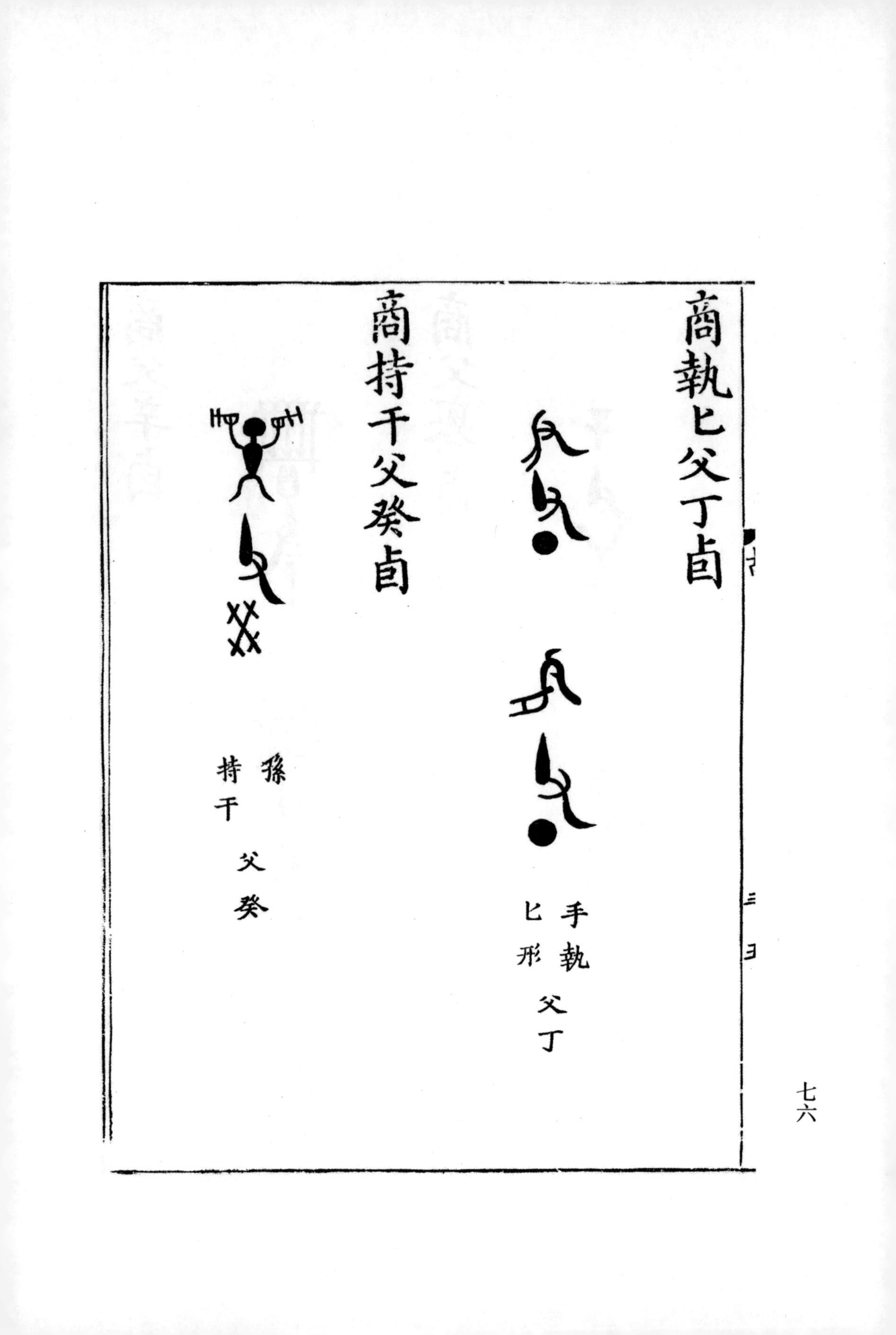

商執匕父丁卣

手執
匕形
父
丁

商持干父癸卣

孫
持干
父
癸

商婦庚卣

○子孫

婦甲庚丁

商史卣

史

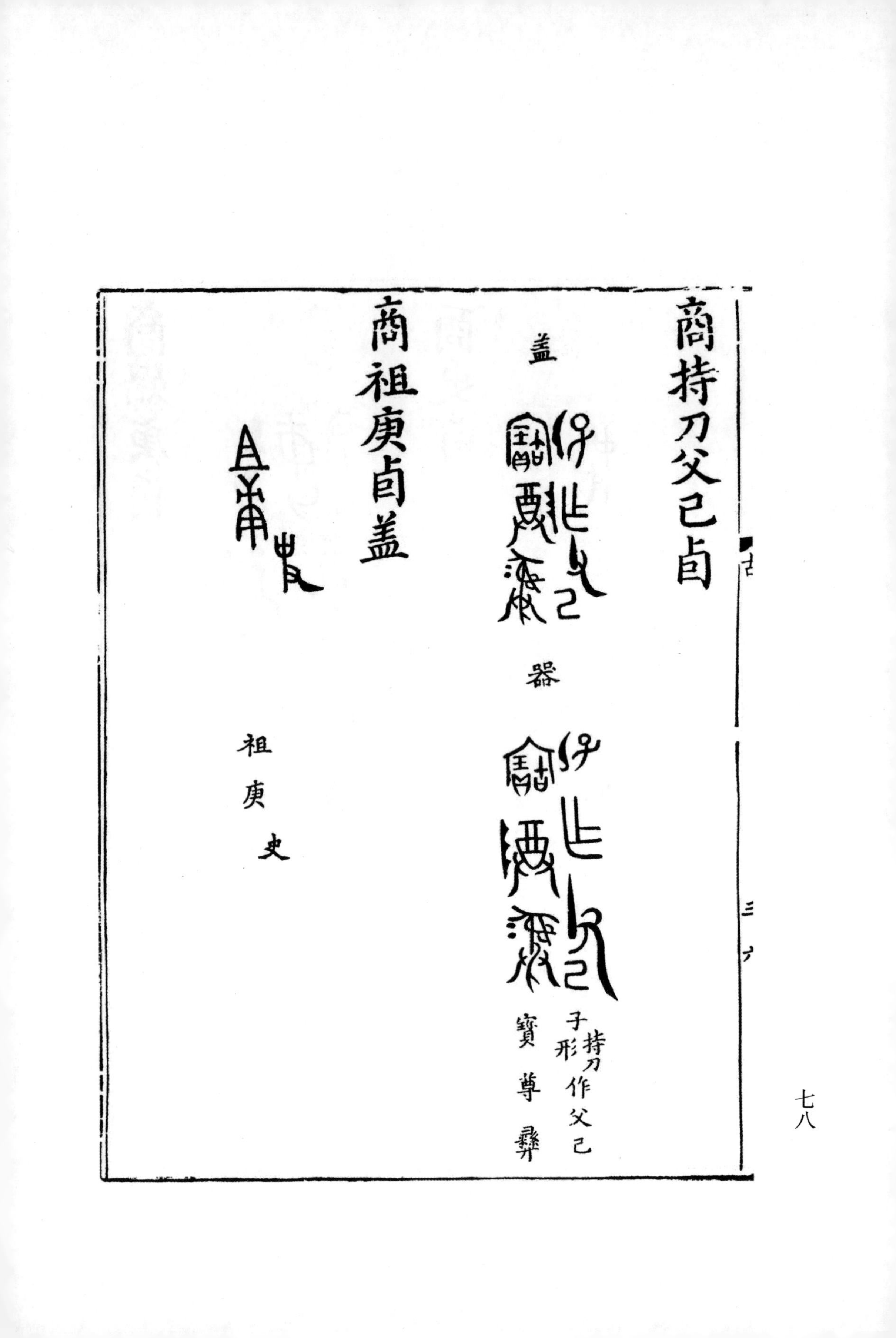

商持刀父己卣

盖

器

子持刀形作父己寶尊彝

商祖庚卣盖

祖庚史

商毋乙卣

盖

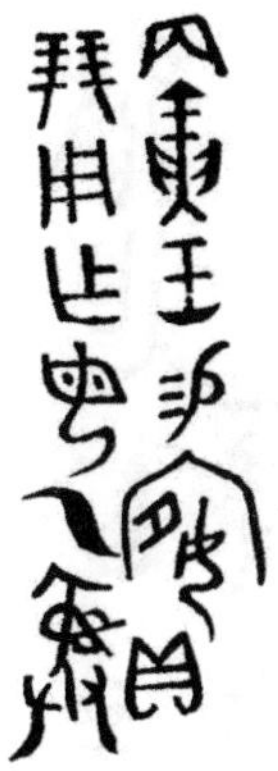

器

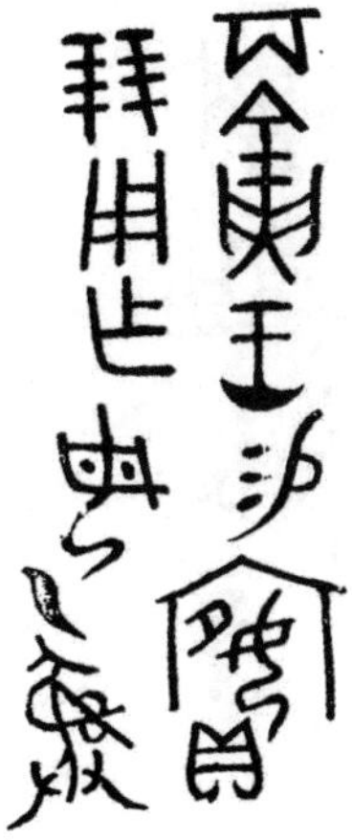

丙寅王錫賔
朋用作毋乙彝

同前

商冀父辛卣

蓋

器

冀作父辛旅彝亞

同前

周淮父卣

盖

器

穆從師淮父戍于古阜蔑曆錫貝山鋝穆拜稽首對揚師淮父休用作文考曰乙寶尊彝其子=孫=永福立戈形

同前

周單癸卣

蓋

器

明○選單景
癸夙夕饗爾
宗尊彝其巳父
子壴作父癸旅車
文考日癸乃方

同前

周樂司徒卣

樂大司徒
子象之子
洪作旅卣
其眉壽子=
孫=永寶用

周伯寶卣

器

伯作寶
尊彝

蓋

三九

周伯寶卣

蓋

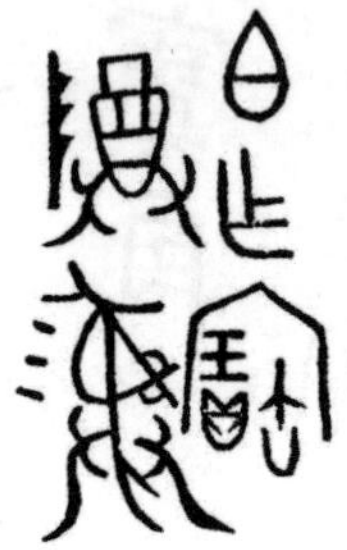

器

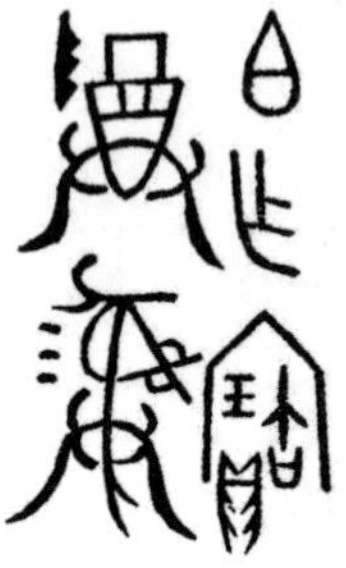

伯作寶
尊彝

周伯寶卣

蓋

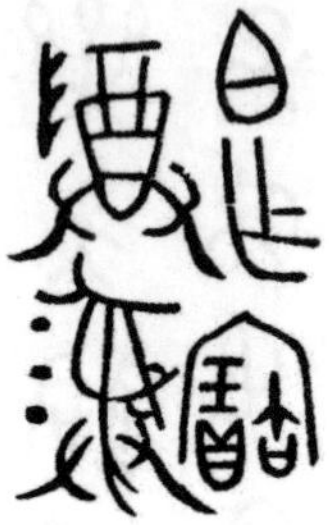

器

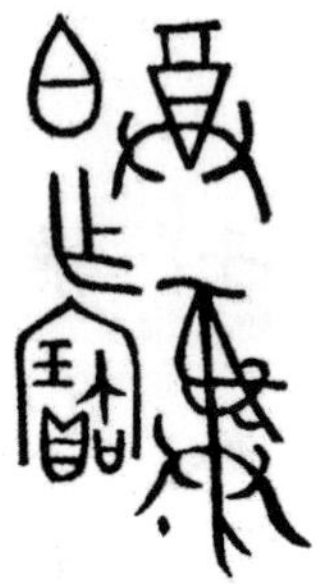

伯作寶
尊彝

周父乙卣

蓋

器

亞形中父乙

周州卣

蓋

器

州作父乙寶彝

周孫卣

[bronze inscription glyph]

孫

周大中卣

[bronze inscription glyphs]

大中作

父丁尊

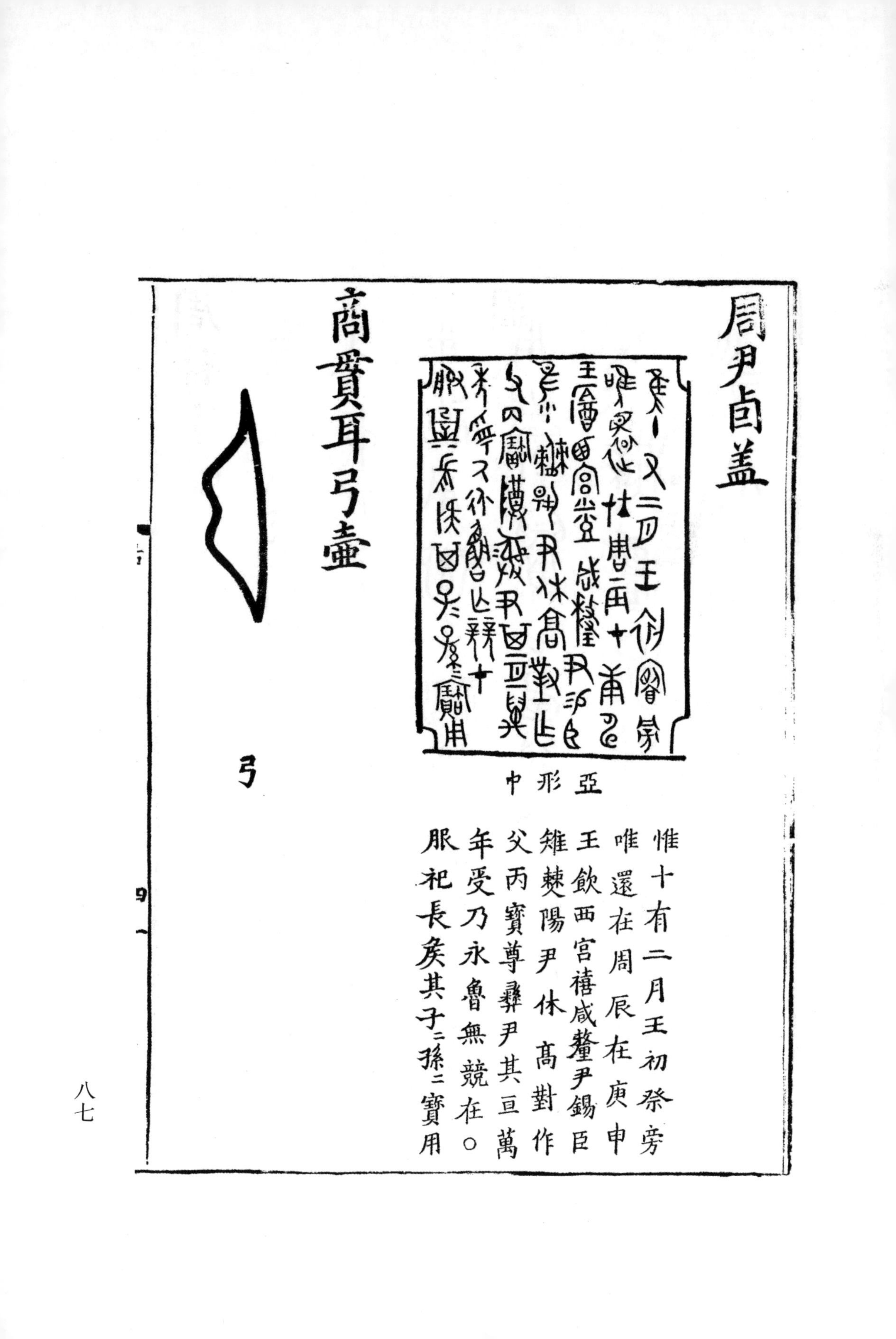

周尹卣蓋

亞形中

惟十有二月王初祭旁
唯還在周辰在庚申
王飲西宮禧咸釐尹錫臣
雉僰陽尹休高對作
父丙寶尊彝尹其亘萬
年受乃永魯無競在○
服祀長疾其子=孫=寶用

商貫耳弓壺

弓

周仲丁壺

惟六月初吉丁亥
召仲丁父自作壺
用祀用饗多福滂
用蘄眉壽萬
年無疆子孫=
永寶是尚

商敔姬壺

敔姬作
寶　彝

漢太官壺

斛
二十年
凷
太　監掾

漢綏和壺

綏和元年供王昌爲
湯官誥丗鍊銅黄塗
壺容二斗重十二斤
八兩塗工乳護綏掾
臨主守右丞同守令
寶省

年
造
斗
乳
省

商父乙爵

父乙

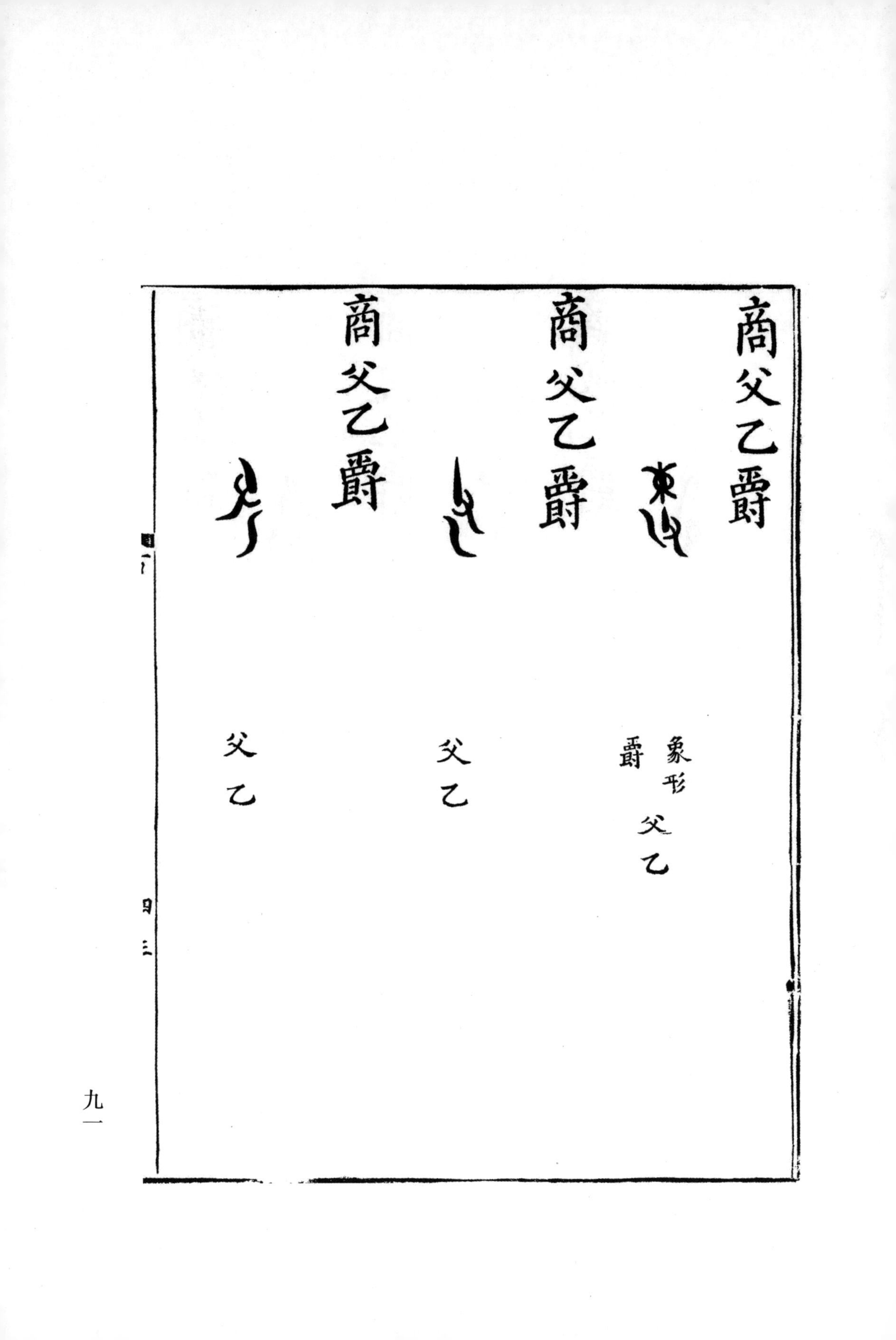

商父乙爵

象形　爵　父乙

商父乙爵

父乙

商父乙爵

父乙

商父乙爵

父乙

商父乙爵

父乙

商父乙爵

父乙

商祖乙爵

祖乙

商祖丙爵

矢祖
孫丙

商父戊爵

父戊丁

商祖己爵

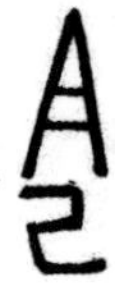

祖己

商守父丁爵

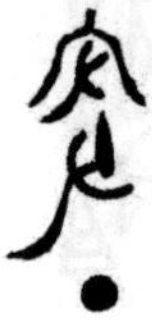

守父丁

商飲父丁爵

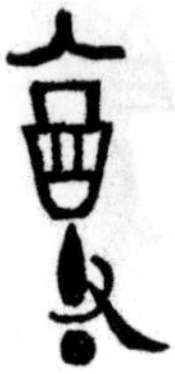

飲父丁

商斧爵

象形斧字

商子爵

○○子

○作

商子爵

子

父壬

商巳舉爵

巳舉

商巳舉爵

巳舉

商子孫巳爵

析子孫巳

商車爵

車

商秉仲爵

辛秉仲

商父壬爵

父壬

商庚爵

父庚

商癸爵

父癸

商中爵

中

商尊癸爵

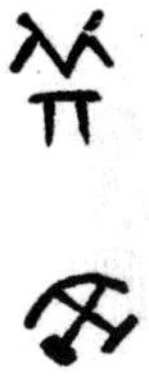

尊癸

商雷篆爵

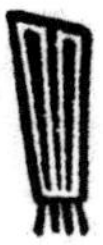

象形爵字

商素爵

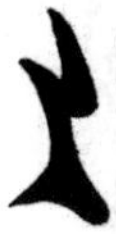

象人拱物形

商招父丁爵

招作父丁　亞形。

尊彝　中。

周子乙爵

子乙

周子乙爵

子乙

周父丁斝

口中父丁

商合孫祖丁觚

合孫祖丁

商子乙觚

父丁子乙

商女乙觚

帚女
兹乙

商女乙觚

帚女
兹乙

商父乙觚

亞父
乙

商木觚

商立戈觚

商奕車觚

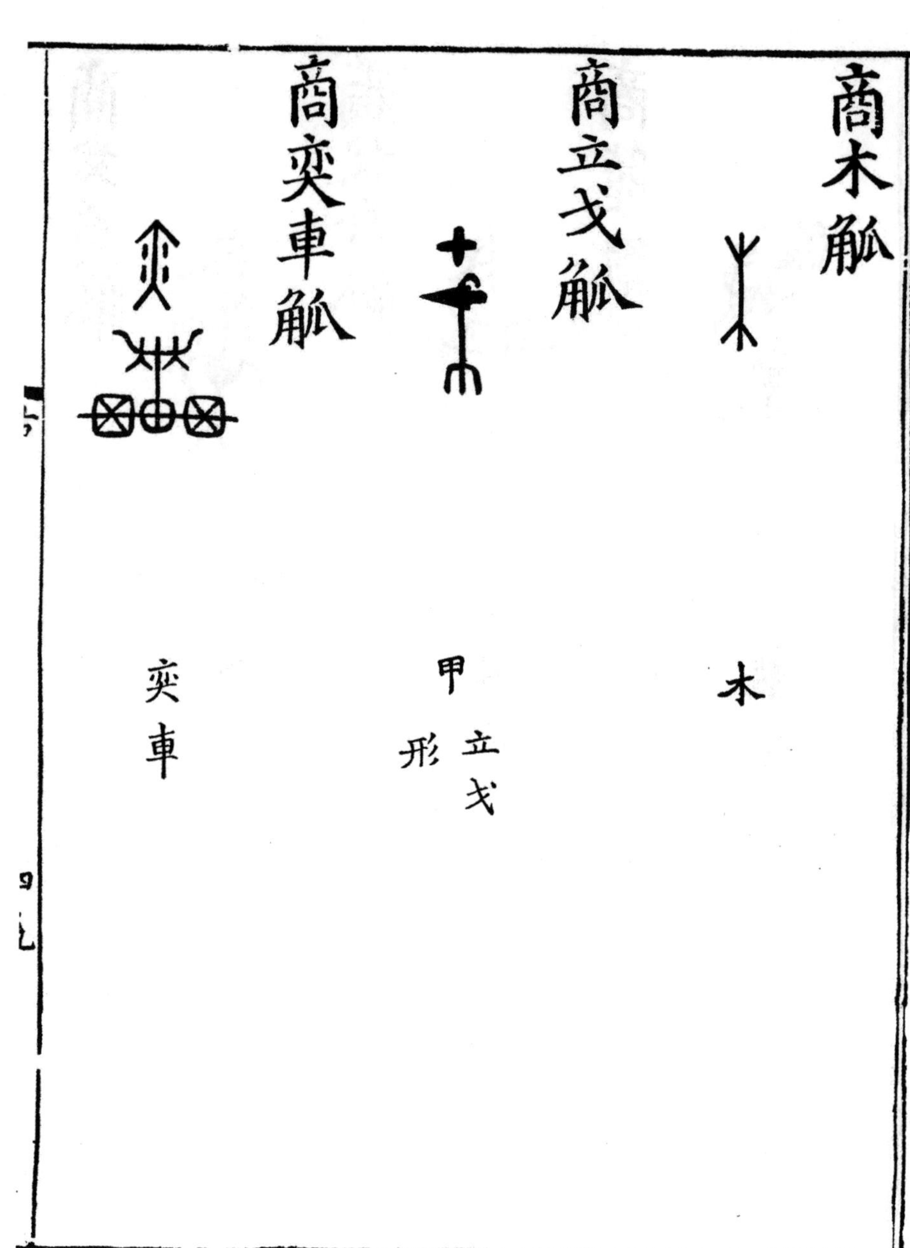

商父庚觚

父庚

商父舟觚

父舟

商龍觚

龍

商亞形觚

亞形

二字未詳

商孫觚

孫

漢建光卮

有四

商立戈父辛觶

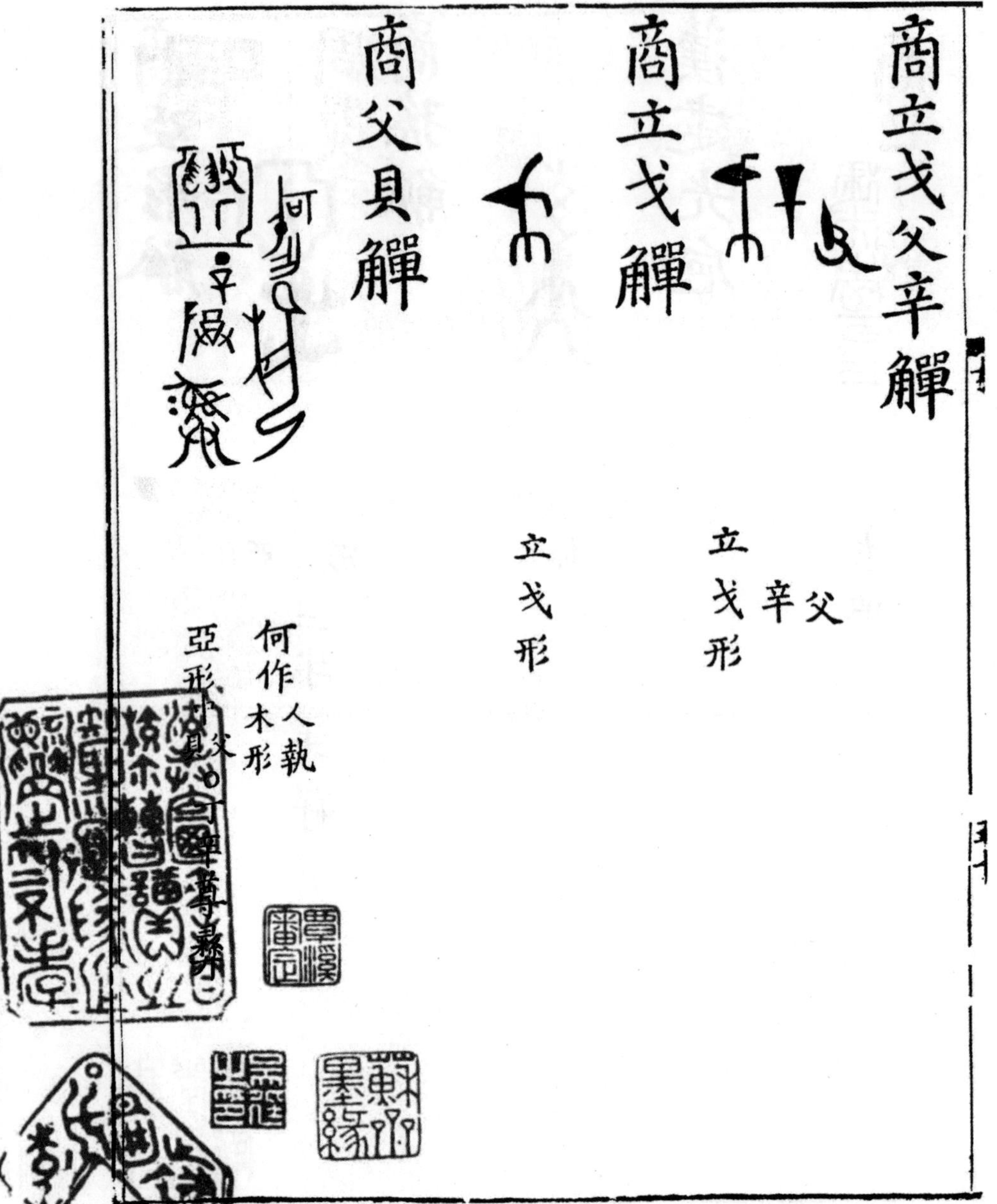

父辛

立戈形

商立戈觶

立戈形

商父貝觶

何作人執木形

亞形、[illegible]父貝[illegible]丁[illegible]尊彝

嘯堂集古錄下

周雙弓角

器

冊　祖
雙弓作
冊　乙

鍪

亞形
倒戈
中

商巳丁敦

五　一

蓋

器

孫已丁

周曩敦

曩作皇祖益公
文公武伯皇考
龔伯𩰫彝曩其
洍=萬年無疆令
終令命其子=孫
永寶用享于宗室

周散季敦

蓋

器

惟王四年八月初吉丁亥散季肇作朕王母叔姜寶敦散季其萬=年子=孫=永寶

同前

周毛父敦

惟六月既生霸戊戌旦王格于太室師毛父即位邢伯佑內史冊命錫赤芾對揚王休用作寶敦其萬年子子孫孫其永寶用

周毀敦

惟王元年正月初吉丁亥
伯龢父若曰師毀乃祖考
有婚于我家汝又惟小子
余命汝死我家繼治我西
偏東偏僕馭百工牧臣妾
東栽内外毋敢不善錫汝
戈矛戟縞必彤屎矢十五鎛
鐘一〇五金欽乃夙夜用事
毀拜稽首敢對揚皇君
休用作朕文考乙仲䵼敦
毀其萬年子〻孫〻永寶用享

周仲駒父敦盖

寶用享孝
敦子=孫=永
父作仲姜
录旁仲駒

周姜敦

伯景父作周姜
寶敦用夙夕
享用蘄萬壽

周仲駒父敦

蓋

寶用享孝
敦子=孫=永
父作仲姜
彔旁仲駒

器

彔旁仲駒
父作仲姜
敦子=孫=永
寶用享孝

周仲駒父敦

盖　器

寳用享孝
敢子=孫=永
父作仲姜
录旁仲駒

寳用享孝
敢子=孫=永
父作仲姜
录旁仲駒

周敔敦

惟王十月王在成周南淮節趮及內伐浪昴參怡裕敏陰陽洛王命敔追迎于上洛烼谷至于伊班長榜戠首百執傒曰雜孚人三百鄙于艾伯之斷于烼衣諦復付乃君維王十有一月王格于成周太廟武公入佑敔告禽馘百傒田王蔑敔曆事尹氏受釐敔圭萬幣貝五十朋錫

田于敆五十田于早五十田敔敢對揚天子休用作尊敦敔其萬年子=孫=永寶用

周孟姜敦

叔孫父作孟姜尊敦綰綽眉壽永命彌生萬年無疆子=孫=永寶用享

周宰辟父敦

蓋

惟四月初吉王在辟宮宰
辟父佑周位王冊命周曰
錫汝華朱芾元衣束帶於
鋚革錫戈琱戟彤[illegible]矢用養乃
祖考事官嗣鄧僕小射底敷
周稽首對揚王休命用作
文考寶敦其孫子子永寶用

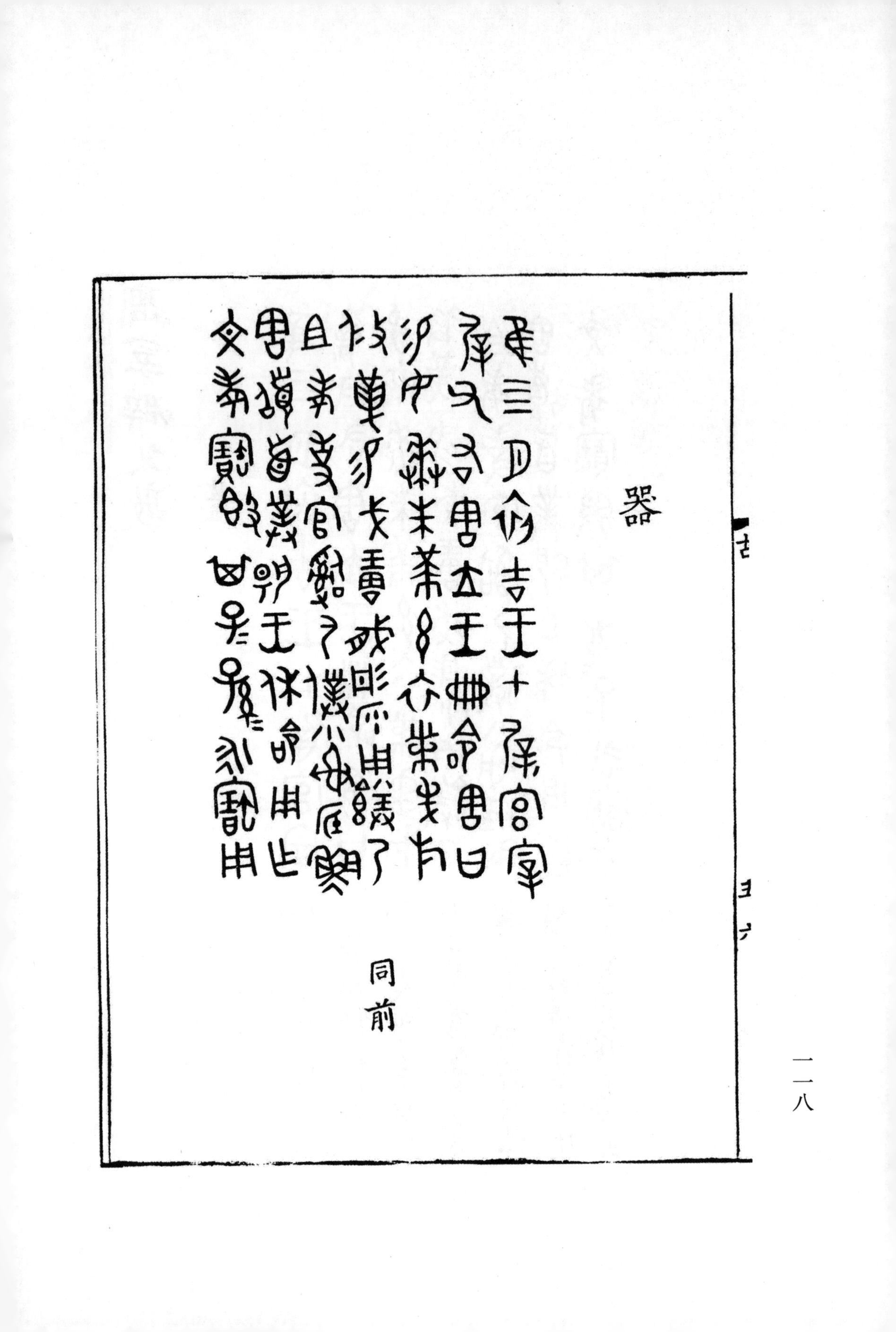

器

同前

周宰辟父敦

盖

惟四月初吉王在辟宫宰
辟父佑周位王冊命周曰
錫汝華朱芾元衣束帶於
鋈革錫戈琱戟彤矦矢用養乃
祖考事官嗣節僕小射底
敷周稽首對揚王休命用作
文考寶敦其子孫孫永寶用

器

隹三月初吉王才屖宮宰
屖父右害立王冊命害曰
易女賁朱黃玄衣黹屯旂
攸勒易戈琱㦿彤沙用𩛥
乃且考事官𤔲尸僕小射厎
魚害𩒨首對揚王休命用乍
文考寶𣪕其子子孫孫永寶用

同前

周宰辟父敦

惟四月初吉王在辟宮宰
辟父佑周位王冊命周曰
錫汝華朱芾元衣束帶於
鋚革錫戈琱戟彤矦甬養乃
祖考事官嗣節僕小射
底敷周稽首對揚王休命用
作文考寶敦其子〻孫〻永寶用

周兕敦

蓋

兕

器

同上

周兕敦

蓋

兕

器

同上

周兕敦

兕

周剌公敦

伯撝祖肇作

皇考剌公尊

敦用享用孝萬

年眉壽畯在

位子子孫孫永寶

周剌公敦

同前

周雁侯敦

蓋

雁侯作姬遵
母尊敦其萬
年永寶用

器

同前

周師望敦

太師小子師望作䵼彝

周仲奠父敦

蒯仲奠父作尊敦其萬年子子孫孫永寶用

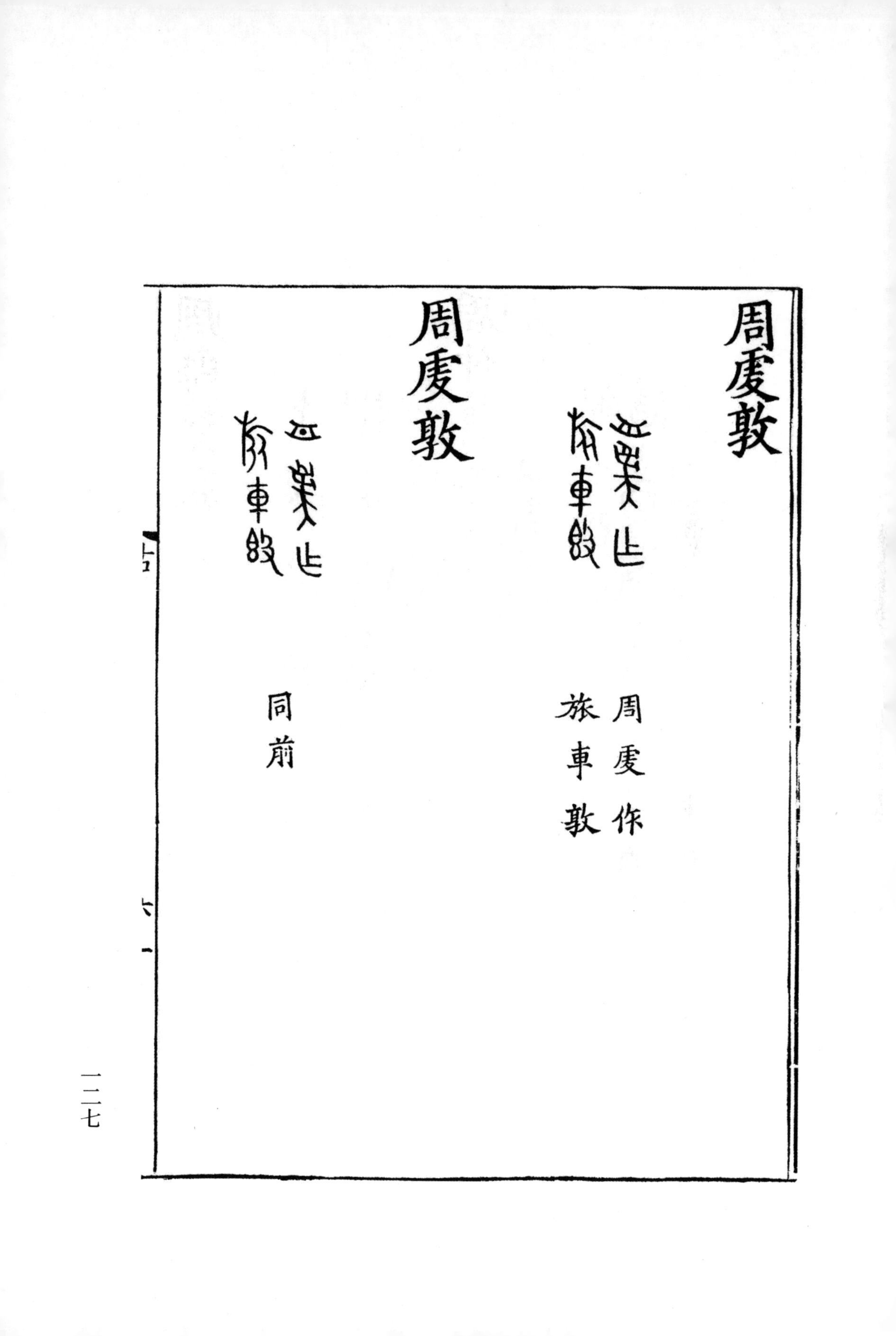

周𢈔敦

周𢈔作
旅車敦

周𢈔敦

同前

周史張父敦盖

史張父作
尊敦其萬
年永寶用

周仲酉父敦盖

仲酉父
作旅敦

周叔邦父簠

叔邦父作簠
用征用行用
從君王子=孫=
其萬年無疆

周太師望簋

蓋

太師小子師
望作䵼彝

六二

器

同前

周京叔簋

京叔作饗
簋其萬
壽永寶用

周疑生豆

單疑生作
養豆用享

周劉公鋪

劉公作杜嬬
尊鋪永寶用

商父己甗

見父己

商父己甗

亞無儔作

父己彝

商父乙甗

子乙

虎

商祖己甗

作祖己

尊彝癸

商鬲甗 象鬲形

商鬲甗 象鬲形

漢虹燭錠

王氏銅虹燭錠 虹

兩鋞并重廿三斤四兩 辟

第一

孔夫

軍假司馬

平丞尹印

○當司馬

農前丞印

偏將軍印

軍曲侯印

軍司
馬印

晋率
善胡
秋長

臣
敷

将門印章

大将軍印章

王開光

李咨言事

吴歸之

咨言疏

李咨

長宜子孫

吴功子

王則私印

周柱之印

夏禹

王
之印

李廣

張宏

傅當

楊少
翁印

比干墓銅盤銘

右林左泉
後岡前道
萬世之寧
玆焉是寶

帶鈎

識闕

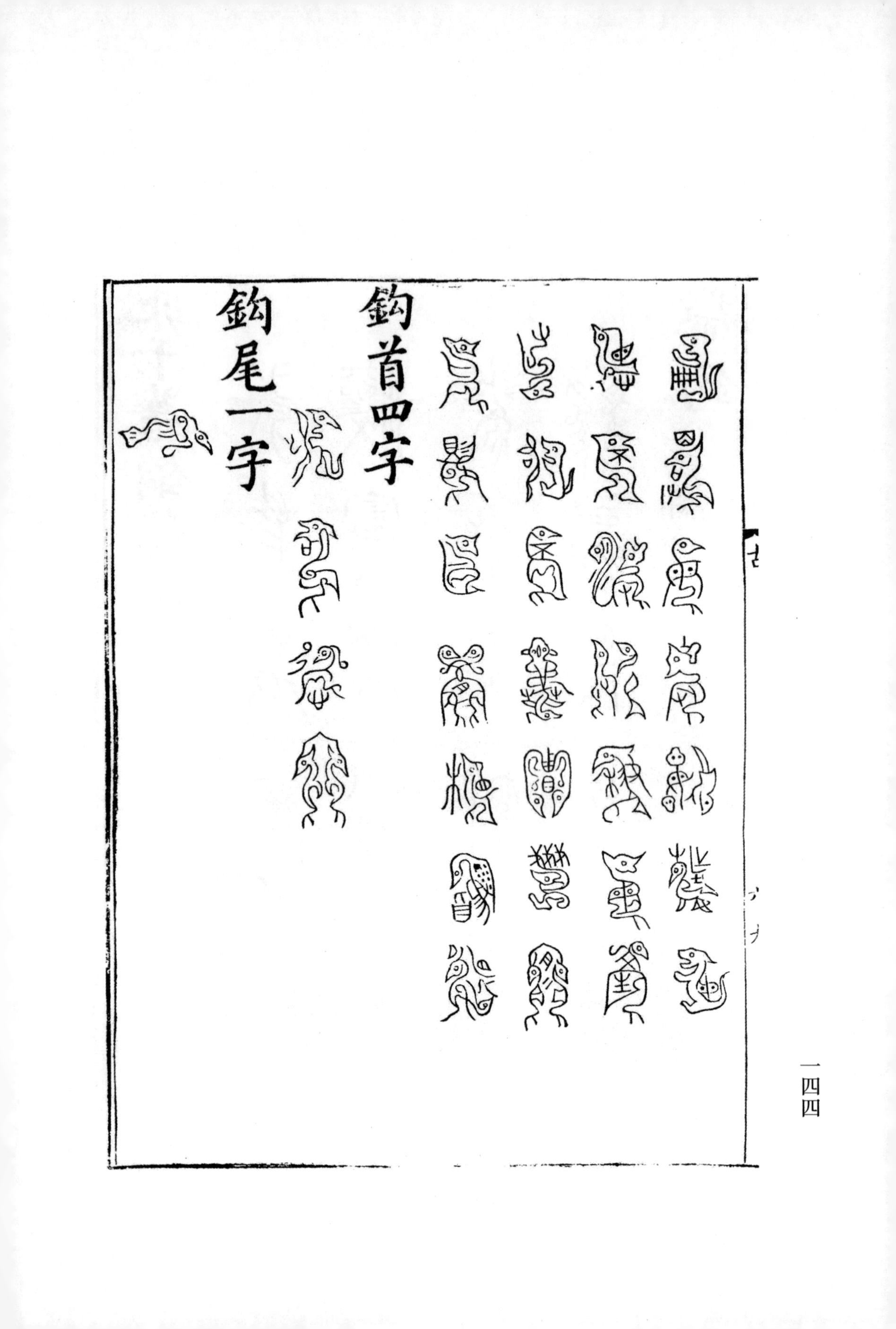

鈎首四字

鈎尾一字

滕公墓銘

佳城鬱鬱三千年見白日吁嗟滕公居此室

商啓匜

蓋

啓作
寶彝

器

同前

周父癸匜

七一

爵方父癸

周孟皇父匜

孟皇父
作旅匜

周司寇匜

作司寇彝用遣
用歸維之百寮雩
之四方永之祜福

周文姬匜

器

丙寅子錫龜貝
用作文姬巳寶
彝十一月有三

鋬

析子孫

周義母匜

仲女吉義母作
旅匜其萬年
子=孫=永寶用

周張伯匜

張伯作旅匜
其子=孫=永寶用

周季姬匜

季姬作○

漢注水匜

周楚姬匜盤

齊侯作楚
姬寶盤其
萬年子=孫=
永保用

漢陽嘉洗

陽嘉四年朔令

十三

周魯正叔匜盤

魯正叔之
穴作盤其
○○子=孫=
永壽用之

漢梁山銷

梁山銅二斗鋗重十

斤元康元年造鉢

周季姜杅

伯索史作季
姜寶盂其萬
年子=孫=永用

周栖鳳鐸

鳳栖木形

周齊侯鎛鐘

惟王五月辰在
戊寅師于淄陲
公曰汝及余經
乃先祖余既敷
乃心汝忠畏忌
汝不佞夙夜宦
執而政事余弘
猒乃心余命汝
政于朕三軍綴

成朕師旟之政
德諫罰朕庶民
左右毋諱及不
敢弗欽戒度卹
乃死事戮和三
軍徒○雩乃行
師慎中乃罰公
曰及汝欽共辭
命汝應鬲公家
汝恐恪朕行師

汝肇敏于戎攻
余錫汝釐都脒
蓩其系言余命
汝治辭釐陶國
徒罕為汝敵寮
乃敢用拜稽首
弗敢不對揚朕
辟皇君之錫休
命公曰及汝康
能乃九事率乃

敵寮余用登純
厚乃命汝及母
曰余尐汝敷余
于艱卹憂卹不
錫左右余乂余
命汝織羞饗為
大事繼命于外
内之事中敷明
刑汝以敷戒公
家應卹余于明

卹汝以卹余朕
身余錫汝車馬
戎兵釐僕言有
五十家汝以戒戎
作及用或敢再
拜稽首應受君
公之錫光余弗
敢廢乃命及典
其先舊及其高
祖虩成唐又敢

在帝所敷受天
命刪伐履司敗
乃靈師凡少臣
惟輔咸有九州
處禹之都不顯
穆公之孫其配
壦公之妣而鍼
公之女雩生叔及
是辟于齊矦之
所是少心龔濟靈

力若虎謹恪其
政事有共于公
所敹擇吉金鈇
鎬鐈鋁用作鑄
其寶鎛用享于
其皇祖皇妣皇
母皇考用祈眉
壽令命難老不
顯皇祖其作福
元孫其萬福純

魯和協而九事
俾若鐘鼓外内
開闢都俞二造而
朋剿毋或承類
汝考壽萬年永
保其身俾百斯
男而埶斯字綴
義政齊侯左右
毋央毋已至于
葉曰武靈成子二
孫二永保用享

周齊侯鐘

惟王五月辰在戊寅師于淄陲公曰汝及余經乃先祖余既敷乃心汝忠畏忌汝不佞夙夜官執而政事余洪厭乃心余命汝

政于朕三軍綴成朕師旟之政德諫罰朕庶民左右母諱及不敢弗欽戒虔卹乃死事戮和三

周齊矦鐘

錫休命公曰及汝康能乃九事

率乃敵
寮余用
登純厚
乃命汝
及毋曰
余小子
汝敷余
于艱卹
憂卹不
錫左右
余一人余
命汝緘
差正饗
繼命于
外内之
事中敷
温刑汝
以敷戒
公家應
卹余于

周齊侯鐘

命刪伐履司敗乃靈師凡少臣惟輔咸有九州處禹之都不顯穆公之孫其配擻公之妣而餓公之女雩生叔及是辟于齊侯

之所是忩龔濟靈力若虎謹恪其政事有共于桓武靈公之所桓武靈公鍚乃吉金

周齊侯鐘

鈇鎬元鏐鐼鋁乃用作鑄其寶

鐘用享于其皇祖皇妣皇母皇考用祈眉壽令命難老不顯皇祖其作福元孫其萬福純魯和協而九事俾若鐘鼓外内開闢都〻俞〻造而朋剸

毋或承類

周蛟篆鐘

惟正月仲
春吉日丁
亥○○嚷
召○○擇
乃吉金樂
欣禾其○
台樂○○
喜而賔客

○台鼓之
夙暮辛○
烏余子孫
萬葉無疆
用之協相

周聘鐘

周遲父鐘

遲父作姬齊姜和林夾鐘用昭乃穆＝不顯龍光乃用蘄丐多福侯父洎齊萬年眉壽子＝孫＝無疆寶

周寶和鐘

走作朕皇祖文考寶龢鐘

走其萬年子＝孫＝永寶用享

周寶和鐘

走作朕皇祖文考寶龢鐘

走其萬年子＝孫＝永寶用享

周寶和鐘

走作朕皇祖
文考寶龢鐘
走其萬年子二
孫二永寶用享

周宋公誙鐘

宋公成
之誙鐘

周宋公䪫鐘

宋公成之䪫鐘

周宋公䪫鐘

宋公成之䪫鐘

周宋公䪫鐘

宋公成
之䪫鐘

周宋公䪫鐘

宋公成
之䪫鐘

周宋公䪫鐘

宋公成之䪫鐘

漢十二辰鑑

金西母來始有

其淳

宜孫利

衆與祀

漢十二辰鑑

之里青甫　之里青甫

前武君　前武君

漢十二辰鑑

子丑　子丑

巳　巳

漢四神鑑

宜高　官高

富壽　富壽

漢服羌鑑

韻平　韻平

容貌好　容貌好

漢始青鑑

長存

出

漢清白鑑

願兆思 無志

承說

漢宜君公鑑

長君

至

漢宜官鑑

億

漢長宜子孫鑑

長宜　長宜

子孫　子孫

漢長宜子孫鑑

長宜　長宜

子孫　子孫

漢長宜子孫鑑

長宜

子孫

長宜

子孫

漢十六花鑑

長宜子孫

三至留公

長宜子孫

三至留公

唐長宜子孫鑑

長宜子孫

長宜

子孫

漢雙魚洗

長宜子孫

長宜子孫

蜀嘉王鐵鑑

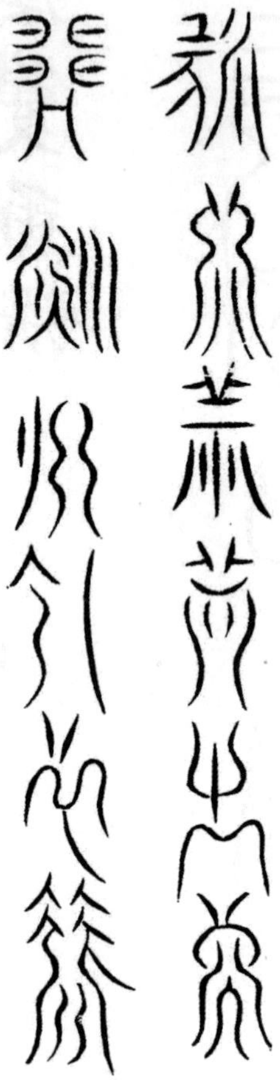

識闕

鮑氏鼎

鮑氏

楚鐘

識闕

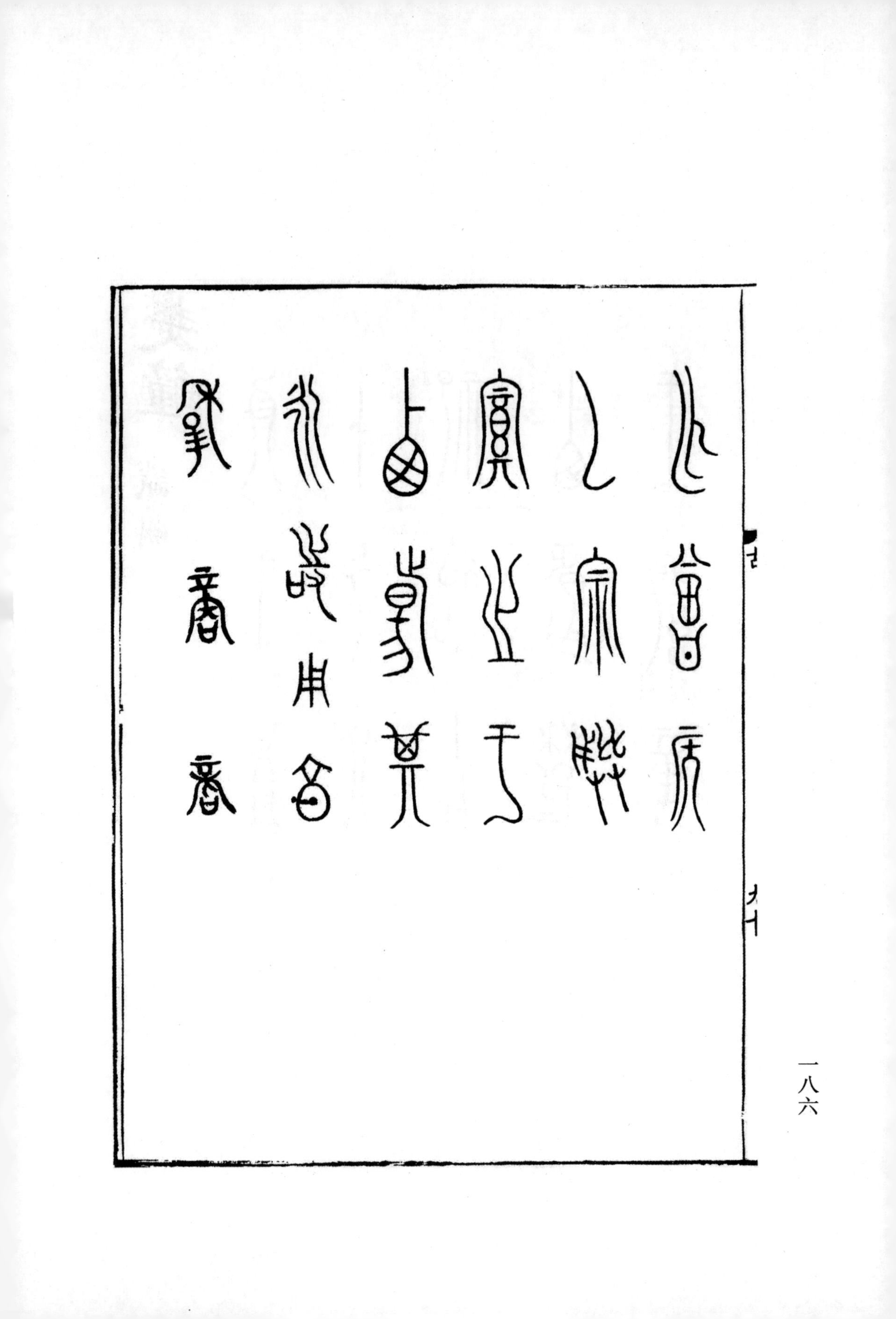

楚鐘 識闕

伯咸父鼎

伯咸父
作寶鼎

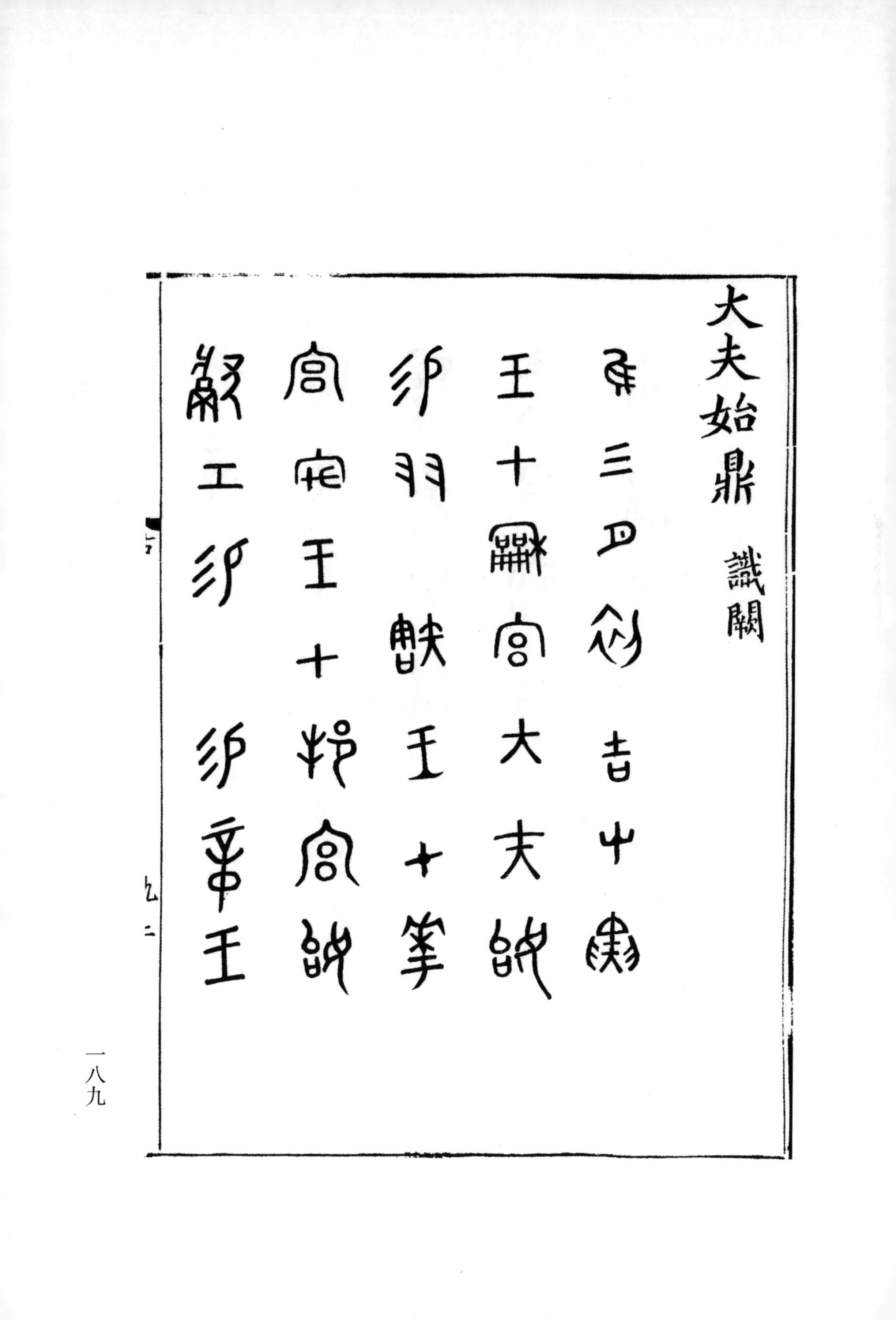

大夫始鼎 識闕

十枚卲羽日其日
攸大大訝嗣勤
陽天子休用乍文
考旦寶鼎孫孫是是
永寶用

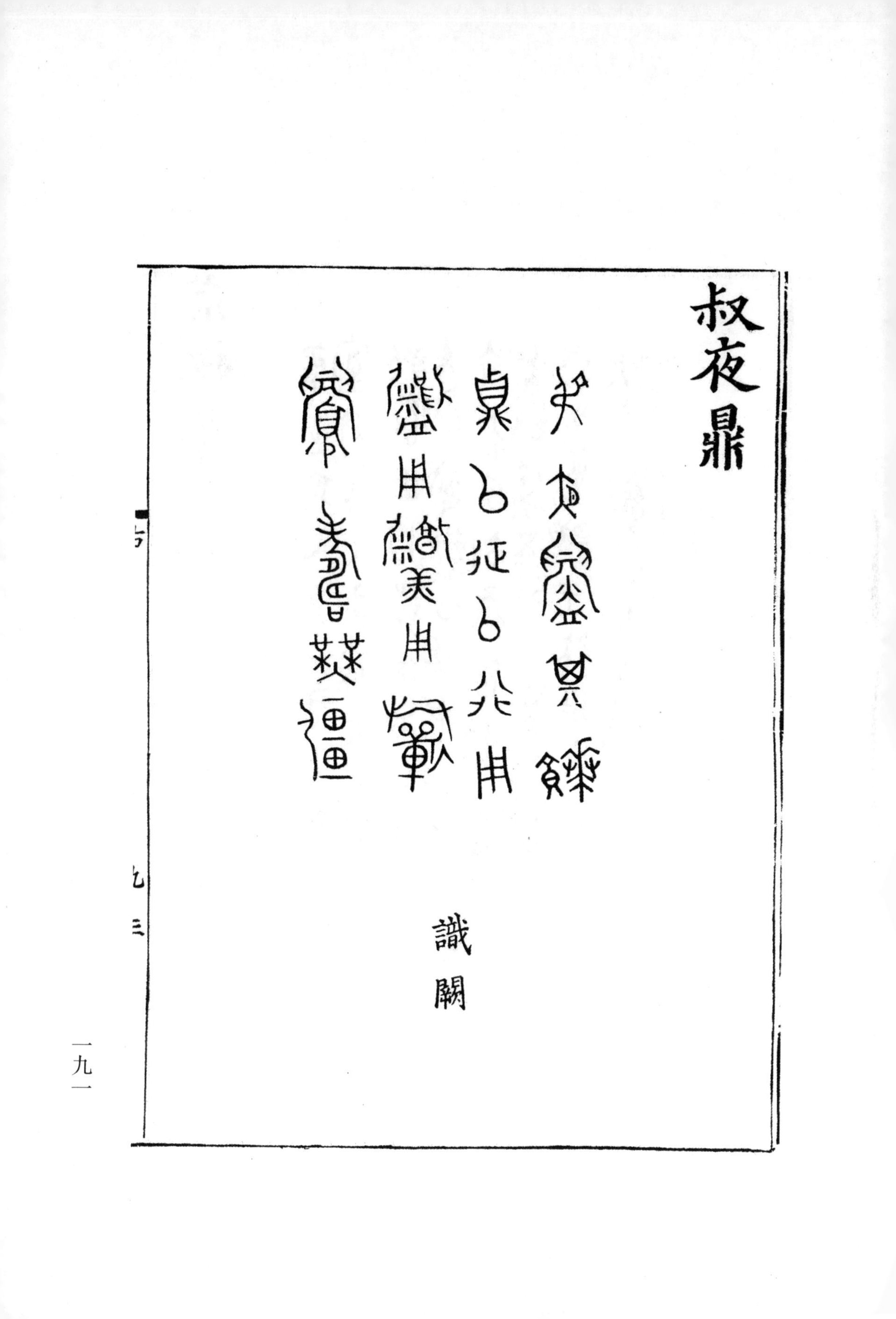

叔夜鼎

識闕

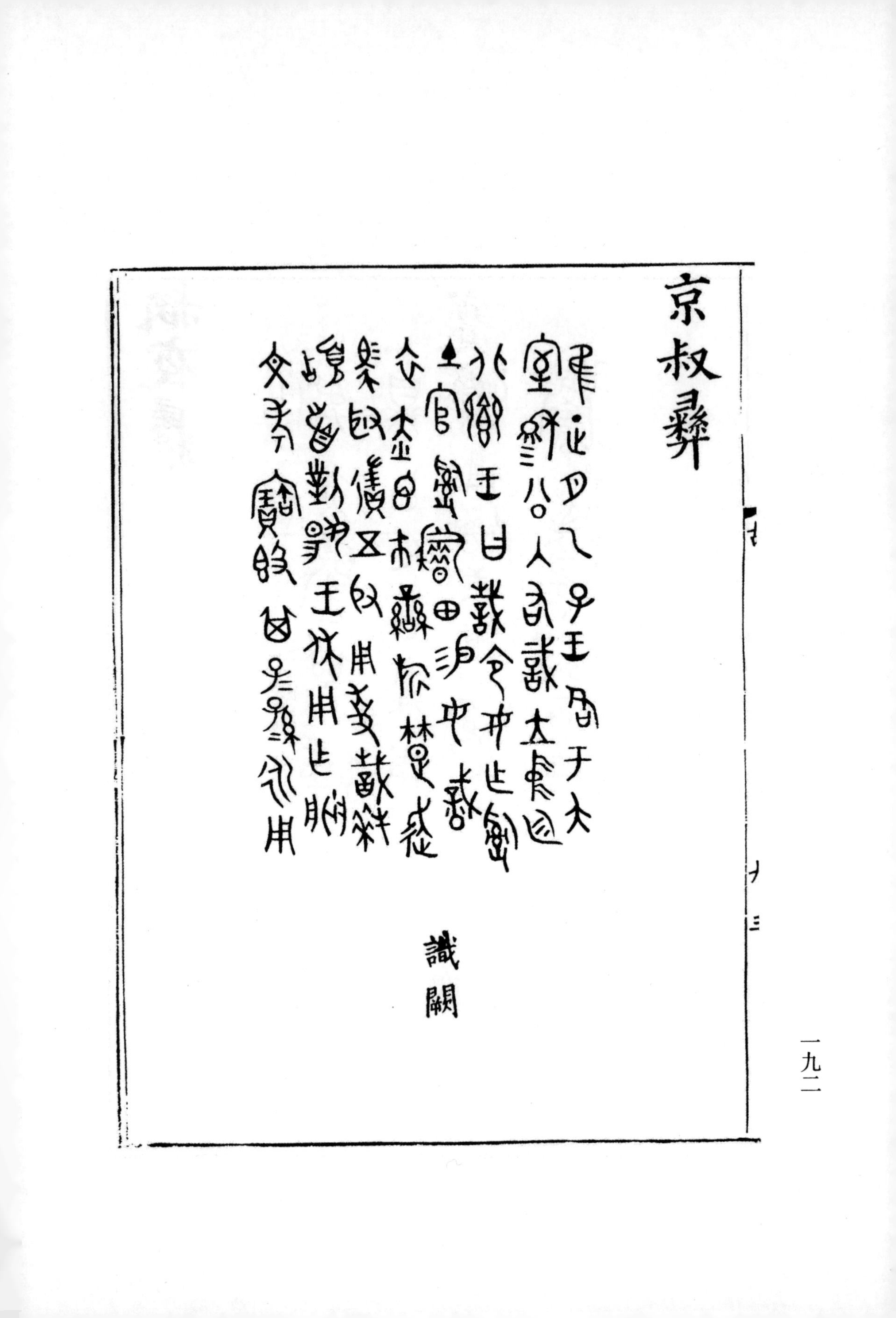

京叔彝

識闕

司空彝

司工作寶彝

寶彝

作寶彝

敷旅彝

作父辛
旅彝亞

賡彝

賡作文考日癸
寶尊彝韋子

商鐘

喜上○○○○

○日暮辛○○

喙召○○余子

○○○人孫萬

年○金樂無疆

用○○和其上

恊相○○台自

惟延仲○○○

○○庸喜大○

春貢揚○○○

賓○○台

弡伯旅匜

弡伯作旅匜其子孫永寶用

父戊尊

是作父戊寶尊沈子

商申鼎

伯申作
寶彝

商休爵

休

何敦

惟三月初吉庚

午王在○宮王

呼○中入右○

王錫何赤芾朱

○○○何拜稽

首對揚天子魯

命用作寶敦何

其萬年子=孫=其

永寶用

叔⿰亻留敦

叔⿰亻留生作尹
姞尊敦其萬
年無疆子=孫=
永寶用享考

周文王命癘鼎

識闕

父乙彝

識闕

鹿彝

作寶彝

齊侯槃

齊侯作
寶

齊侯匜

齊匜
侯

谷口銅甬

谷口銅甬容十斗重

卌斤甘露元年十月

計掾章平左馮翊府

東方从方然南面方

汾陰矦鼎

汾陰矦

秦權

廿六年皇帝盡并　盡并
兼天下諸侯黔首　首
大安立號爲皇帝　安
乃詔丞相狀綰灋　狀法
度量則不壹歉　壹歉
疑者皆明壹之　疑皆壹之

元年制詔丞相斯　年制
去疾法度量盡始　疾法盡
皇帝爲之皆有刻　爲刻
辭焉今襲號而　辭焉襲
刻辭不稱始皇帝　刻
其於久遠也如後　於久遠也後
嗣爲之者不稱成　爲
功盛德刻此詔　刻此
故刻左使毋疑　刻左使
平陽斤

武王戒書鑑矛等銘凡十有四覩警備至成書具在廼知古人一械一物必有款識非特文字刻畫之為諒也吕劉相嬗日趍便簡器用淪圮更千百載如嶧

山火泐石鼓泥蟠何可勝
紀先正歐陽文忠先生始
集名碑遺篆而録之蓋精
力斯盡而所著無幾　元
祐〻後地不愛寶類堤巖
墓壙鼎甗敦所觸呈露由

是考古博古之書生焉蓋盈編鱗秩而包羅莫究王君子佡嘯堂集古最爲後出然而奇文名蹟自商迄秦篆篆凡數百章尤爲精影初不曉其前晦而今見

意者天地之氣運必有與
立於此否則中原故物將
有不得捐讓其閒之歎者
此尤君子之所深感也余
因得其鏝板試摘所藏郘
康節秦權篆銘校之豪髮

不外益信予併裒類之不妄敬書于後且掇古人所爲觸物存戒之意以拜之庶幾不徒字畫之泥而古意之未亡也淳熙丙申六月既望廬陵曾機伯虞謹

跋

此淳熙曾伯霙序亦元人所書并後元統跋皆古澤可徵亦何减款識之琢耶　辛酉十二月方綱識

此二册乃宋槧本二跋乃元人墨蹟致可寶也嘉慶八年曲阜顔衡齋以此贈元收入琅嬛仙館與宋王復齋鐘鼎款識共藏之阮元識

景春沈君居樂圃坊與余同里閈且嘗同游　可村賀先生之門一日過景春所居出嘯堂集古錄見示嘗試觀之由秦以前三代之器若敦槃尊彝鼎鐘甬權之屬無所不有每列一器必模其款識而以楷書辨之刻畫甚精殆不

類刊本讀之者文從字順如游商周之庭而寓目焉可謂奇矣坐客皆嗜〻稱歎余謂景春平生寡嗜慾唯酷好收書有别業在閶門西去城僅數里景春昔嘗居之人有挾書求售者至必勞來之飲食之甂之善賈於是奇書多

歸沈氏集古録其一也昔人有以千金市馬者得駿骨予五百金逾年而千里馬至者三今景春嗜書與昔之嗜馬者何以異哉吳中多好古博雅君子將見載酒殽問奇字者踵門而來景春不宋寞矣客曰然請書之元統改元

十一月廿又六日吴郡于文傅題

王子弁澂堂集古錄宋槧原本後有元人手書藐林至寶也安邑宋芝
山得之寄求題識辛酉冬十二月廿有四日北平翁方綱

是日適檢篋中影宋寫本以海寧陳仲魚手校
諸條校對信爲真宋槧無疑又以兒子樹培手
拓家藏鐘鼎文一冊同展觀正不謂今有愧
於古也今日適爲四兒樹崐娶婦文字之祥
照我几研深幸深幸方綱試寒碧研書

後學滕用亨獲觀

嘯堂集古録二册藏余邸有年矣

乙巳冬 午橋瑞帥見即奪歸 午橋

嗜金石尤精於鑒賞遂舉以爲贈此

趙松雪所謂結一重翰墨緣也 午橋

其何以報我耶

隨高菴識

余舊得嘯堂集古錄係明覆宋本藏家不多見頗自珍秘今覩此册始如裴將軍之見真虎矣册末又有元人手蹟二跋蓋當時已矜貴若此宜儀真北平兩先生詫為至寶也惜明覆本在故鄉異日取来當借此本詳勘匋齋尚書其許我乎 光緒乙巳十一月黄紹箕記

光緒丁未十二月廿四日閩仲弢卒於武昌翌日

是書予得之何厚甫餘秋颿兩廠友叔弃將近廿載係何墓有宿草而是書又將去我蓋不勝今昔之感矣　翼々識

甲戌青廿二日